Klett Lektürehilfen

W0064156

Georg Büchner

Lenz

Für Oberstufe und Abitur

von Udo Müller

Klett Lerntraining

Udo Müller, langjähriger Gymnasiallehrer des Faches Deutsch. Feder-
führung für das schriftliche Zentralabitur; in Baden-Württemberg.

Die Textzitate folgen den Ausgaben: Georg Büchner: Lenz. Text und
Kommentar. Neu hergestellt, kommentiert und mit zahlreichen Materia-
lien versehen von Burghard Dedner. 9. Aufl. Frankfurt a. M: Suhrkamp
2014 (Suhrkamp BasisBibliothek 4) [zit. als: S], und Georg Büchner: Lenz.
Studienausgabe mit Quellenanhang und Nachwort. Hrsg. von Hubert
Gersch. Stuttgart: Reclam 1998 (Universal-Bibliothek 8210) [zit. als: R].

Bibliografische Information Der Deutschen Nationalbibliothek
Die Deutsche Nationalbibliothek verzeichnet diese Publikation in der
Deutschen Nationalbibliografie; detaillierte bibliografische Daten sind
im Internet über http://dnb.dnb.de abrufbar.

Auflage 4 3 2 1 | 2018 2017 2016 2015
Die letzten Zahlen bezeichnen jeweils die Auflage und das Jahr des Druckes.
Dieses Werk folgt der reformierten Rechtschreibung und Zeichensetzung.
Ausnahmen bilden Texte, bei denen künstlerische, philologische oder
lizenzrechtliche Gründe einer Änderung entgegenstehen.

© Klett Lerntraining, c/o PONS GmbH, Stuttgart 2015
Alle Rechte vorbehalten.
www.klett-lerntraining.de
Redaktion: Günter Maier
Umschlagfoto: akg-images, Berlin
Satz: DOPPELPUNKT, Stuttgart
Druck: Medienhaus Plump, Rheinbreitbach
Printed in Germany
ISBN: 978-3-12-923089-3

Inhalt

Einleitung

Schriftsteller stellen häufig Schriftsteller ins Zentrum ihrer Werke. Das kann verschiedene Motive haben. Sie reichen von der narzisstischen Selbstbespiegelung bis zur Huldigung an ein verehrtes Vorbild, vom Hinweis auf existenzielle Parallelen bis zur Einordnung des eigenen Schaffens in eine bestimmte Tradition. Vielfach mischen sich verschiedene, teils programmatisch verkündete, teils auch verdeckte oder sogar unbewusste Absichten.

Goethe spiegelt seine problematische Stellung am Weimarer Hof im Schicksal der Titelfigur seines Dramas *Tasso*. Novalis lässt sein mythisches Selbstverständnis als Dichter in die Figur des Minnesängers Heinrich von Ofterdingen, Protagonist seines gleichnamigen fragmentarischen Bildungsromans, einfließen. Thomas Mann gibt dem leise ironisch getönten Goethebild in *Lotte in Weimar* spürbare Züge eines Selbstporträts. Christa Wolf lässt schon im Titel ihres Buches *Kein Ort. Nirgends* über das von ihr ersonnene fiktive Gespräch Kleists mit Karoline von Günderode anklingen, dass es eigentlich im historischen Gewand um den grundsätzlichen Platz des Autors in der Gesellschaft geht. Und wenn Günter Grass am Ende von *Das Treffen in Telgte* die emsig über Literatur streitenden Barockpoeten durch die kriegerischen Wirren der Zeit unversehens in alle Winde zerstreut, so liegt auch darin ein ebenso boshafter wie aktueller, lediglich historisch getarnter Kommentar zur Wirklichkeitsferne literarischer Dispute.

Georg Büchners *Lenz* gehört in diese Reihe von Werken – und zwar als eine ebenso einsame wie bewegende Gipfelleistung. Die kurze, nur bruchstückhaft überlieferte Erzählung bezieht sich auf den Sturm-und-Drang-Dichter Jakob Michael Reinhold Lenz (1751–1792) und ist von jeder eitlen, wie auch immer versteckten Koketterie frei. Niemals vorher oder nachher hat ein Autor so nüchtern und zugleich intensiv die Berufung auf einen Vorgänger und die Teilnahme an dessen Schicksal gestaltet. Nichts daran erinnert an die noch in der ironischen Brechung spürbaren Prätentionen eines Thomas

Mann, an die fabulierende Unverbindlichkeit eines Günter Grass, an die auf Inanspruchnahme abzielende Dichterpaarung einer Christa Wolf. Dafür findet sich, wie immer bei Büchner, der Griff zum authentischen Zeugnis, das ganz ernst genommen und bis zur wörtlichen Übernahme eingefügt wird und dem doch im neuen Kontext durch Aussparung, Umfunktionierung und produktive Weiterführung ein neuer Sinnhorizont zuwächst. Selbst dort, wo in Büchners Erzählung die Wahlverwandtschaft zwischen Autor und zentraler Erzählfigur am greifbarsten aufblitzt, im „Kunstgespräch" zwischen Lenz und Kaufmann, scheint sich Büchner nicht unter den Schutz eines mächtigen Vorgängers zu stellen, sondern holt einen missachteten früheren Geistesverwandten aus der Vergessenheit.

Vielleicht ist es gerade diese menschliche Qualität von Büchners kurzer Erzählung, die sie – ganz abgesehen von ihrem überragenden literarischen Rang – über die manchmal gekünstelten Identifikationsspiele anderer Autoren auf der Suche nach Vorbildern hinaushebt. Sie verleiht ihr jenseits alles Literatenhaften einen immer noch anrührenden Ernst, der auch den heutigen Leser in den Bann schlägt.

Autor und Werk

Am 17. Oktober 1813 – während gleichzeitig in Leipzig die Völkerschlacht tobt, die Napoleons Macht über Europa brechen wird – kommt in dem kleinen Ort Goddelau bei Darmstadt Georg Büchner als Sohn eines atheistischen, aber streng ordnungsgläubigen Vaters zur Welt. Als Kind wächst er hinein in die deutsche Kleinstaatenwelt, und zwar in der verschärften Form des zusammengestückelten Großherzogtums Hessen. Auf seiner Jugend lastet die erstickende Enge der Restaurationszeit nach dem Wiener Kongress. Über Büchners neuhumanistische Gymnasialzeit ist bekannt, dass er sich mit ungewöhnlichem Interesse in ethische Fragen vertieft hat; eine erhaltene Schularbeit befasst sich mit dem Selbstmord.

Jugend

Sein Studium der Medizin, Philosophie und Naturwissenschaften führt Büchner dann zuerst nach Straßburg (1831–33). Hier kommt er durch revolutionäre Studentenzirkel in Kontakt zu dem noch lebendigen Erbe der Französischen Revolution, die in Straßburg einen ihrer Ursprünge hatte. Er ist in einem „überzwerchen Zimmer" beim Pfarrer Jaeglé untergebracht (der Oberlin die Leichenrede gehalten hatte) und verlobt sich heimlich mit dessen Tochter Wilhelmine.

Studium

Bei der Fortsetzung des Studiums 1833–35 in Gießen – der Vater drängt energisch auf Abschluss des Studiums – fühlt sich Büchner abgestoßen von der Unfreiheit und Muffigkeit der deutschen Kleinwelt, die von einer Atmo-

7

sphäre der Gesinnungsschnüffelei und Ausspähung durchsetzt ist. Zugleich studiert er die Geschichte der Französischen Revolution, deren Nachbeben er in Straßburg erlebt hat. Ihr Weg, der – wie bei so vielen Revolutionen in der Geschichte – vom freiheitlichen Aufbegehren bis in Terrorherrschaft und massenhaften Mord geführt hat, erfüllt ihn mit lähmender Desillusionierung. An die Braut schreibt er im Januar 1834:

> „Ich fühlte mich wie zernichtet unter dem gräßlichen Fatalismus der Geschichte. Ich finde in der Menschennatur eine entsetzliche Gleichheit, in den menschlichen Verhältnissen eine unabwendbare Gewalt, Allen und Keinem verliehen. Der Einzelne nur Schaum auf der Welle, die Größe ein bloßer Zufall, die Herrschaft des Genies ein Puppenspiel, ein lächerliches Ringen gegen ein ehernes Gesetz, es zu erkennen das Höchste, es zu beherrschen unmöglich."
> (G. Büchner, *Die Briefe*, hrsg. von Ariane Martin, Stuttgart: Reclam 2011, S. 53)

Büchner gerät in den Kreis des Rektors und radikaldemokratisch gesinnten Politikers Ludwig Weidig. Er verfasst mit ihm die sozialrevolutionäre Schrift *Der Hessische Landbote* mit der aufrüttelnden Botschaft „Friede den Hütten! Krieg den Palästen!" und bereitet nach mehreren Verhaftungen im Umkreis der Gleichgesinnten die Flucht vor.

Sein Vater drängt, nichts ahnend von dem Polizeinetz, das sich über dem Sohn zusammenzieht, auf straffe Examensvorbereitung. Büchner unterzieht sich dem – und schreibt daneben in fliegender Hast sein erstes Drama, in dem er sein düsteres Bild von der Machtlosigkeit des Menschen in der Geschichte gestaltet: *Dantons Tod*. Die abenteuerliche Nebenabsicht des namenlosen Studenten ist, mit dem Honorar aus dem erhofften Druck dieses Werks seine Flucht zu finanzieren. Und so schickt er das kaum schreibtrockene Drama mit einem beschwörenden Brief an den fortschrittlichen Publizisten Karl Gutzkow – der tatsächlich sofort den neuen Ton des Werks erkennt und die Veröffentlichung betreibt.

Am 9. März 1835 gelingt dem bereits von der Obrigkeit eingekreisten Büchner dann gerade noch rechtzeitig die Flucht nach Straßburg, wo ihn Braut und Freunde erwarten. (Natürlich kommt der – bescheidene – Geldstrom für *Dantons Tod* viel zu spät für die Finanzierung der Flucht, dafür springt die Mutter mit einer heimlichen Zuwen-

Seitenrandtext:

Erlebnis des „Fatalismus der Geschichte"

Sozialrevolutionäre Aktivität

Bedrohung durch Repression

Flucht nach Straßburg

2493. Steckbrief.

Der hierunter signalisirte Georg Büchner, Student der Medizin aus Darmstadt, hat sich der gerichtlichen Untersuchung seiner indicirten Theilnahme an staatsverrätherischen Handlungen durch die Entfernung aus dem Vaterlande entzogen. Man ersucht deßhalb die öffentlichen Behörden des In- und Auslandes, denselben im Betretungsfalle festnehmen und wohlverwahrt an die unterzeichnete Stelle abliefern zu lassen.

Darmstadt, den 13. Juni 1835.

Der von Großh. Heß. Hofgericht der Provinz Oberhessen bestellte Untersuchungs-Richter, Hofgerichtsrath

Georgi.

Personal-Beschreibung.

Alter: 21 Jahre,
Größe: 6 Schuh, 9 Zoll neuen Heſſiſchen Maaßes,
Haare: blond,
Stirne: sehr gewölbt,
Augenbrauen: blond,
Augen: grau,
Nase: stark,
Mund: klein,
Bart: blond,
Kinn: rund,
Angesicht: oval,
Gesichtsfarbe: frisch,
Statur: kräftig, schlank,
Besondere Kennzeichen: Kurzsichtigkeit.

Büchners Steckbrief in der *Großherzoglich Hessischen Zeitung* Nr. 167 vom 18. Juni 1835, akg-images, Berlin.

dung ein.) Welchem Schicksal Büchner da gerade noch entgeht, zeigt das Ende Weidigs, der verhaftet wird, sich nach zwei Jahren zermürbender Untersuchungshaft mit den Scherben einer Flasche die Pulsadern aufschneidet und in seiner Zelle verblutet.

Büchner lebt bis Oktober 1836 in seinem Straßburger Exil. Er treibt in dieser Zeit gehetzt sein literarisches Schaffen weiter, schreibt das zwielichtige Lustspiel *Leonce und Lena*, die nicht mehr abschließend überarbeitete Erzählung *Lenz* und das Dramenfragment *Woyzeck*. Damit gelingt ihm das entscheidende Werk des deutschen sozialen Dramas, orientiert am Vorbild der Dramen *Der Hofmeister* (1774) und *Die Soldaten* (1776) von Jakob Michael Reinhold Lenz. Veröffentlicht wird es erst 1879.

Übersiedlung nach Zürich

Nach Fertigstellung auch seiner medizinischen Doktorarbeit übersiedelt Büchner nach Zürich. Dort bietet ihm die neu gegründete, sehr freiheitlich orientierte Universität eine Existenz als medizinisch-physiologischer Privatdozent und die Aussicht auf eine akademische Laufbahn. Er hält am 5. November 1836 seine Probevorlesung „Über Schädelnerven". Dann, Anfang 1837, erkrankt er

Büchners Tod

an Typhus. Die Braut reist aus Straßburg an, trifft ihn aber nur noch in wirren Fieberkrämpfen an. Einige Tage nach seinem Tod schreibt sie an einen Freund: „Er ist sanft eingeschlummert, ich habe ihm die Augen zugeküßt, Sontag den 19 Feb. um halb 4. Der Jammer der Eltern ist gränzenlos. Über meine übrigen Lebenstage ist ein schwarzer Schleier geworfen." (Zit. nach: *Georg Büchner. Revolutionär mit Feder und Skalpell*, Katalog der Ausstellung Darmstadt/Zürich 2013/14, S. 487)

Kurz vor dem Ende seines 24-jährigen Lebens haben Büchner noch die beiden einzig erhaltenen Briefe seiner Eltern erreicht. Der Brief der Mutter ist voll herzlicher Zuwendung nach all den Aufregungen durch den unbequemen Sohn. Und es trifft ein Brief des Vaters ein, der einen friedlichen Ausklang der angespannten Beziehung zwischen Vater und Sohn herstellt. Der Vater führt Rechtfertigungsgründe für seine zeitweilige Abwendung auf, gibt natürlich auch Ermahnungen für die künftige Lebensführung. Er äußert aber auch Respekt für die Leistung des Sohns – nicht etwa für die literarische, die er nicht kennt und für die er kaum Sinn hätte, sondern für den naturwissenschaftlich-akademischen Erfolg.

Lenz: Entstehung und Überlieferung

Niederschrift,
Vorlagen,
Textgestaltung

Büchners
Lebenssituation

Georg Büchner ging einer gefährdeten und turbulenten Phase seines kurzen Lebens entgegen, als er auf die Dokumente über den Besuch des Dichters Lenz im elsässischen Steintal stieß, die ihm schließlich den Anstoß zur Niederschrift der *Lenz*-Erzählung gaben.

Schon beim ersten Straßburger Aufenthalt hatte Büchner nicht nur mit Pfarrer Jaeglé Berührung, sondern auch mit dem Studenten und Autor eines Lenz-Artikels im *Morgenblatt für gebildete Stände*, August Stöber, dessen Vater Daniel Ehrenfried Stöber (in französischer Form: Stoeber) im Jahr 1831 die erste Oberlin-Biografie verfasst hatte. Eine intensive Versenkung in die Materialien zu Oberlin und Lenz ist für diese Zeit nicht nachweisbar, aber fast sicher anzunehmen.

Büchners Quellen

Treibende Kraft für Büchners eigene literarische Arbeit an *Lenz* auf der Basis von Oberlins Bericht wird der Publizist Karl Gutzkow, der inzwischen *Dantons Tod* zum Druck verholfen hatte und auf Beiträge Büchners für seine geplante Zeitschrift *Deutsche Revue* zählte. Nach den spärlich erhaltenen Briefdokumenten hat Büchner zwischen Mai und Spätjahr 1835 an *Lenz* gearbeitet. Er hat dabei, wie die Forschung inzwischen nachgewiesen hat, neben Oberlins Bericht noch aus weiteren Quellen Anregungen aufgenommen, so etwa aus Texten des französischen Autors Paul Merlin (1788–1864) (*Promenade au Ban de la Roche*, 1824; *Le Pasteur Oberlin*, 1833, eine Novelle), aus den Oberlin-Darstellungen von Vater und Sohn Stöber, vor allem aber auch aus den kritisch-distanzierten Lenz-Passagen (vgl. S. 45) im 11. und 14. Buch des Dritten Teils von Goethes zwischen 1808 und 1831 entstandenen Autobiografie *Dichtung und Wahrheit*, die seine

Erlebnisse von 1749 bis 1775 schildert, sowie aus Ludwig Tiecks Märchen *Der Runenberg* (1802), das der Tieck-Enthusiast Büchner wohl kannte und das bereits eine literarische Gestaltung des Wahnsinns bot (vgl. dazu Kühnlenz 1988/89).

Weg der
Aufzeichnungen
Büchners

Im Herbst 1835 zeichneten sich umfassende Publikationsverbote für die kritischen Autoren der Vormärzzeit generell und damit auch für Gutzkow ab, die mit Beschluss der preußischen Regierung vom 14. November in Kraft traten. Irgendwann in den Wochen vorher muss Büchner die Arbeit an *Lenz* eingestellt haben – sicher nicht aus einem Erlöschen des inneren Antriebs heraus, sondern weil er keine unmittelbare Publikationsmöglichkeit mehr sah und durch die Vorbereitungen für seine Promotionsarbeit über das Nervensystem der Barben stark belastet war. Bei der Übersiedlung nach Zürich im Oktober 1836 befanden sich dann die *Lenz*-Papiere in seinem Reisegepäck. Sie waren offenbar zur Fertigstellung in einer ruhigeren Zeit bestimmt. Dazu kam es dann durch Büchners jähen Tod am 19. Februar 1837 nicht mehr (vgl. S. 10).

Karl Gutzkow
als erster
Herausgeber

Im September desselben Jahres schickte Büchners Braut Minna (Wilhelmine) Jaeglé eine Abschrift der *Lenz*-Bruchstücke an Gutzkow, der sich neue Publikationsmöglichkeiten erschlossen hatte und das Andenken Büchners wachhalten wollte. Er druckte diese im Januar 1839 im *Telegraph für Deutschland* ab, und zwar unter dem von ihm und nicht von Büchner stammenden Titel *Lenz. Eine Reliquie von Georg Büchner*, offenbar mit Lesefehlern und wohl auch mit Auslassungen. Dies lässt sich nicht abschließend aufklären, weil Minna Jaeglé 1838 die Handschrift Büchners an dessen Familie übergeben hat. Gutzkow ließ *Lenz* in acht Fortsetzungen veröffentlichen, „wodurch eine Reihe von Texteinschnitten entstand, die Büchner nicht intendiert hatte" (Dedner [Hrsg.] 2014, „Entstehung und Überlieferung", S. 60). Lediglich vor S 33.31 / R 30.24 „Er saß mit kalter Resignation im Wagen" weist der Erstdruck einen Querstrich und großen Zeilendurchschuss auf, was die Vermutung nahelegt, dass der folgende (Schluss-)Absatz ein von Wilhelmine Jaeglé gesondert abgeschriebenes Bruchstück darstellt (vgl. ebd.).

Sowohl Büchners Original als auch die Abschrift seiner Braut sind verschollen. Dass Büchners Bruder Ludwig, der 1850 im Rahmen seiner Ausgabe der *Nachgelassenen Schriften Georg Büchners* den zweiten Druck der Erzählung herausgab, die Handschrift noch vorliegen hatte, wurde zwar von früheren Büchner-Herausgebern angenommmen, ist aber unwahrscheinlich. Jedenfalls ist seine Ausgabe weniger zuverlässig als Gutzkows Erstdruck; sie stellt vielmehr eine nicht-authentische Textbearbeitung dar. Ludwig Büchner

Frühe Drucke der *Lenz*-Erzählung

> „bearbeitete diesen Text nach eigenem Gutdünken, indem er kurzschlüssig das Unfertige des Entwurfs mit Fehlerhaftigkeit verwechselnd hier glättete, dort ausflickte. Er normierte, retuschierte, veränderte, fügte hinzu, ließ weg – an zahlreichen Textstellen. Er machte Eingriffe, die in alle denkbaren Textschichten von der expressiven Interpunktion bis zum elliptischen Stil, von der Ausdruckssprache bis zum Motivischen reichten und denen sich noch eine Anzahl blanker Mißverständnisse beimischte. Das Ziel Ludwig Büchners war es, einen glatten, möglichst anstandslos rezipierbaren *Lenz*-Text zu etablieren" (Gersch [Hrsg.] 1998, „Nachwort", S. 64 f.).

Weil alle älteren Ausgaben der *Lenz*-Erzählung in Verkennung dieser Sachlage auf der Textgestalt Ludwig Büchners beruhten und noch Lehmanns historisch-kritische „Hamburger Ausgabe" von 1967 sich trotz einer gewissen Präferenz für den Erstdruck unentschlossen verhält, liegt eine in den Grenzen des Möglichen zuverlässige *Lenz*-Ausgabe erst mit der Arbeit Hubert Gerschs (erstveröffentlicht 1984) vor, die entschlossen die insgesamt als relativ zuverlässig bewertete Fassung des Erstdrucks wiedergibt. Seither folgen sämtliche modernen Ausgaben Gutzkows erster Druckfassung.

Inhaltlicher Aufbau

Der folgende Überblick über den inhaltlichen Aufbau von Büchners *Lenz* soll vor allem über die Abfolge des erzählten Geschehens orientieren, ansatzweise aber auch dessen erzählerische Darbietung deutlich machen. Er hält sich, da es keine Gliederung und Absatzeinteilung von Büchners Hand gibt, an die Handlungsepisoden, die das Werk aufweist.

Die in den thematischen Überschriften bezeichneten Stellenangaben zu den jeweils gemeinten Textpassagen folgen der Seiten- und Zeilenzählung in den Ausgaben von Dedner (9. Aufl. Frankfurt a. M.: Suhrkamp 2014) und Gersch (Stuttgart: Reclam 1998). Beide Ausgaben bieten den *Lenz*-Text in der Überlieferung durch Karl Gutzkows Erstdruck (vgl. S. 12 f.). Die Angaben sind mit S bzw. R gekennzeichnet.

Aufgrund der Kürze des Werks und der detaillierten Inhaltsbeschreibungen ist eine Orientierung auch in anderen Ausgaben problemlos möglich. Es ist jedoch zu beachten, dass Unterschiede in der Rechtschreibung bestehen können, je nachdem ob und in welchem Umfang sich ein Herausgeber für eine Modernisierung entschieden hat.

Gang durchs Gebirge und erster Tag im Steintal (S 7.1–10.20 / R 5.1–8.16)

Der erste Absatz – mit der längste der ganzen Erzählung – umfasst ohne weitere Binnengliederung das gesamte Geschehen von Lenz' Sturmwanderung durchs Gebirge und seinen Angst- und Einsamkeitsgefühlen bis zu seiner Ankunft in Waldbach, seiner Begrüßung und Erkennung durch Oberlin im Pfarrhaus, ferner seinem (ersten) Sturz in den Brunnen und dem darauf folgenden tiefen Schlaf.

„Den 20. ging Lenz durch's Gebirg", lapidar und ohne präzise Datierung führt der erste Satz die zentrale Erzählfigur Lenz als Wandernden ein. (Die in älteren Ausgaben zu findenden Monatsangaben „Jänner", „Januar" oder „Hartung" sind von den jeweiligen Herausgebern nach Maßgabe des Oberlin-Berichts, Büchners Hauptquelle, eingefügt.) Der elliptische zweite Satz gibt Wahrnehmungen des Wanderers wieder, die seinem abwärts gleitenden Blick folgen. Lenz' Weg führt auch weiterhin durch eine rasch wechselnde, nebelhaft unklare, von diffusem Ziehen und Drängen erfüllte Landschaft. Sie ist jeweils von seinem Blickpunkt aus gesehen. Ihre gewaltige Bewegtheit spiegelt offenbar die innere Suche und Orientierungslosigkeit Lenzens, dem es „manchmal unangenehm [war], daß er nicht auf dem Kopf gehn konnte". Gegen Abend, beim Abstieg von der schneebedeckten „Höhe des Gebirgs", verschärft sich Lenz' Unruhe. Er fühlt sich „im Leeren"; seine „namenlose Angst" treibt ihn zur Flucht abwärts.

Erst mit Erreichen des Dorfes und mit dem freundlichen Empfang durch Oberlin im Pfarrhaus tritt Lenz in eine Welt der Geborgenheit, der wohltätigen Stille und Teilnahme ein, die in ihm Erinnerungen an die eigene Kindheit auslöst. Er wird im nahen Schulhaus untergebracht, wo aber wieder „unnennbare Angst" über ihn kommt und ihn dazu treibt, sich Schmerzen zuzufügen und sich schließlich vor dem Haus in den Brunnen zu stürzen. Voll Scham gibt er den herbeilaufenden Leuten an, er sei kalte Bäder gewohnt; dann kehrt er ins Schulhaus zurück und schläft erschöpft ein.

Bei Oberlin (S 10.21–13.10 / R 8.17–10.36)

Die zweite inhaltliche Episode der Erzählung umfasst mehrere Tage. Dass die einleitend festgestellte positive Wendung Lenz' eigene Sicht wiedergibt, legen die folgenden Sätze nahe. Sie beschreiben in elliptischer Form ein – diesmal von den „Lichtmassen" der Sonne dominiertes – Stenogramm der Naturbilder, die Lenz bei der Begleitung Oberlins wahrnimmt. Oberlins praktisches Wirken als Seelsorger und Helfer wirkt „wohlthätig und beruhigend" auf Lenz.

Abends erleidet Lenz zwar einen neuen Angstanfall und stürzt sich wieder in den Brunnen. Dennoch stimmen ihn in der folgenden Zeit die Unterstützung Oberlins bei dessen menschenfreundlichem Wirken und die Beschäftigung mit der Bibel ruhiger. Ein Gang in die winterliche Natur verschafft ihm ein „heimliches Weihnachtsgefühl" und lässt ihn an seine Mutter denken; als studierter Theologe vereinbart er mit Oberlin, am folgenden Sonntag die Predigt zu halten.

Lenzens Predigt und sein Schmerz
(S 13.10–14.27 / R 11.1–10.36)

Lenz' Vorbereitungen zur Predigt und sein Erleben der Landschaft am Sonntagmorgen zeigen ihn in hoffnungsvoller Stimmung. Durch den Gesang der Kirchgänger vor der Predigt löst sich sein „Starrkrampf". Er erlebt den „Schmerz", aber auch den „Trost" des gemeinsamen Leidens mit den „gequälten Herzen" der Dorfbewohner, wie es in der gesungenen Strophe eines (überlieferten, aber von Büchner veränderten) Kirchenlieds zum Ausdruck kommt.

Lenz ist tief erschüttert: „Das All war für ihn in Wunden." Nach der ekstatischen Vision einer körperlichen Vereinigung mit „göttliche[n], zuckende[n] Lippen" zieht er sich in sein Zimmer zurück. Dort kommen ihm die Tränen, „und Alles war ruhig und still und kalt, und der Mond schien die ganze Nacht und stand über den Bergen."

Erscheinungen und Träume
(S 14.28–16.3 / R 12.17–13.24)

Am Morgen danach berichtet Lenz Oberlin „ganz ruhig" von einer nächtlichen Erscheinung, in der er den Tod seiner Mutter gesehen habe. Oberlin bestätigt, auch ihm habe einmal eine Stimme zutreffend den Tod seines Vaters verkündet, und berichtet dann von weiteren Geistererscheinungen.

Lenz spricht davon, „wie in Allem eine unaussprechliche Harmonie, ein Ton, eine Seligkeit sey", die die höheren und niedrigeren Formen der Natur erfülle. Oberlin bricht diese Überlegungen jedoch ab. Bei anderer Gelegenheit zeigt er Lenz seine Tafeln mit Zuordnungen bestimmter Farben zum Menschen und zu den zwölf Aposteln – was Lenz „in ängstliche Träume verstrickt" und zu häufiger Bibellektüre veranlasst.

Kunstgespräch mit Kaufmann
(S 16.4–19.25 / R 13.25–17.5)

Mit dem Erscheinen von Lenz' früherem Gefährten Kaufmann und dessen Braut im Steintal wird Lenz in seiner neu gewonnenen Ruhe gestört (Kaufmann hatte den historischen Dichter Lenz in einer kritischen Phase seiner Krankheit aufgenommen; in Büchners Erzählung wird das aber nur angedeutet). Es entspinnt sich ein – bezogen auf das Jahr 1778, also vor der klassisch-idealistischen Zeit, anachronistisches – kontroverses Tischgespräch über Literatur: „[…] die idealistische Periode fing damals an, Kaufmann war ein Anhänger davon, Lenz widersprach heftig."

Lenz entwickelt in der Folge seine Auffassung von der Kunst: Sie könne nicht in einer Idealisierung als Verklärung der Wirklichkeit bestehen, sondern müsse unabhängig von Schönheit oder Hässlichkeit „Leben" haben: „Man versuche es einmal und senke sich in das Leben des Geringsten […]."

Aus dieser Ästhetik des Realistischen, des Niedrigen und des Mitleidens heraus setzt Lenz die – traditionell alltägliche Themen bevorzugende, dem Stillleben und genrehaften Szenen zuneigende – Malerei der Niederländer über die idealisierende Malerei Raffaels. Er erläutert seine Auffassung an zwei niederländischen Bildern.

Nach der Mahlzeit fordert ihn Kaufmann auf, seinem Leben ein „Ziel" zu setzen und nach Livland zu seinem Vater zurückzukehren. Dagegen wehrt sich Lenz heftig, dem es bei Oberlin „jetzt erträglich" ist.

Oberlins Abreise und die Nacht in der Hütte (S 19.26–22.18 / R 17.6–19.29)

Mit Missbehagen nimmt Lenz auf, dass Oberlin am folgenden Tag den scheidenden Kaufmann in die Schweiz begleiten will. Dennoch geht er bis zum Gebirgskamm mit und durchstreift dann das Gebirge. Er übernachtet in einer Hütte „im Abhang nach dem Steinthal" bei einfachen Leuten. Hier liegt ein krankes Mädchen in Fieberphantasien; sie wird von einem eintretenden Mann „mit unruhigem verwirrtem Gesicht" durch Auflegen von Kräutern beruhigt.

Lenz gerät in einen Zustand zwischen Schlaf, Traum und Wachen. Das kranke Mädchen redet im Schlaf „mit weitgeöffneten Augen" von einer Kirche auf einer Klippe, während der Mond „sein stilles Licht" auf ihre Gesichtszüge wirft, „von denen ein unheimlicher Glanz zu strahlen [scheint]".

Am nächsten Morgen liegt das Mädchen ruhig da und trägt auf dem Gesicht „einen Ausdruck unbeschreiblichen Leidens". Der schon am Vorabend hereingekommene fremde Mann spricht vor einem erleuchteten Wandbild Gebete. Lenz erfährt, dass der Mann unbekannter Herkunft sei und „im Rufe eines Heiligen" stehe. Lenz entfernt sich dann mit einigen Holzhauern, um wieder ins Steintal zurückzukehren; deren Gesellschaft hilft ihm über aufkommende Ängste hinweg.

Bei Madame Oberlin
(S 22.19–24.7 / R 19.30–21.16)

Aufgewühlt von dem Erleben der verflossenen Nacht kommt Lenz in Oberlins Haus zurück. Er verbringt die nächsten Tage und Nächte in großer Unruhe. Gebete wechseln ab mit Tränenausbrüchen, Träumen und Ablenkungsversuchen. Lenz schließt sich an Madame Oberlin an. Ein Lied, das die Magd singt, bewegt ihn tief, und er fragt Madame Oberlin nach einem „Frauenzimmer", dessen Schicksal ihm „so centnerschwer auf dem Herzen liegt".

Auf dieses Mädchen, von dem Lenz noch mehrfach sprechen wird und hinter dem sich die Sesenheimer Pfarrerstochter Friederike Brion verbirgt, kommt Lenz dann im Gespräch mit Madame Oberlin zurück; die „Glückseligkeit" dieses Mädchens habe ihm Ruhe verschafft, jetzt dagegen entgleite ihm ihr Bild: „Jetzt ist es mir so eng, so eng […]."

Der Auferweckungsversuch in Fouday
(S 24.8–25.33 / R 21.17–23.4)

Die „religiösen Quälereien" verschlimmern sich. Lenz fleht um ein göttliches Zeichen. Als er am „dritten Hornung" (= Februar) vom Tod eines Kindes im nahe gelegenen Fouday erfährt, fastet er, schmiert sich Asche ins Gesicht und macht sich, „wie ein Büßender" in einen Sack gehüllt, auf den Weg dorthin. Man lässt ihn in die Kammer, in der das tote Kind auf einem Holztisch liegt. Nach inbrünstigem Gebet und erneuter Bitte um ein Zeichen Gottes versucht Lenz mit den biblischen Worten Christi (Lk 5,23) das Kind zum Leben zu erwecken: „Stehe auf und wandle!"

Der ausbleibende Erfolg treibt ihn erneut ins Gebirge, in eine geisterhaft mondbeschienene Landschaft. „In seiner Brust war ein Triumph-Gesang der Hölle." Lenz lehnt sich gegen Gott auf, will dessen Welt „mit den Zähnen

zermalmen" und „dem Schöpfer in's Gesicht speien";
dessen Himmel erscheint ihm jetzt wie „ein dummes
blaues Aug". Dann heißt es: „Lenz mußte laut lachen,
und mit dem Lachen griff der Atheismus in ihn und faßte ihn ganz sicher und ruhig und fest." Eine neue Kälte
kommt über ihn. In diesem Zustand geht er zu Bett.

Am Tag darauf sieht sich Lenz mit „Grauen" am Abgrund,
was ihn mit Angst erfüllt und quält, ihm aber auch eine
„wahnsinnige Lust" verschafft.

Oberlins Heimkehr und Lenzens Zerknirschung (S 26.1–27.25 / R 23.5–24.28)

Der vorzeitig aus der Schweiz heimkehrende Oberlin
kann Lenz durch seine Reiseerzählung zunächst aufhei-
tern. Bald erwähnt er jedoch seinen – auch Lenz bekann-
ten – Freund Pfeffel in Colmar und preist an seinem
Beispiel das Dasein eines „Landgeistlichen" (Gottlieb
Konrad Pfeffel, 1736–1809, war allerdings Erzieher und
Fabeldichter). Dann ermahnt Oberlin Lenz, dem Wunsch
seines Vaters zu entsprechen und zu seinem „Berufe",
d. h. zur Theologie, zurückzukehren.

Dies stürzt Lenz, der sich selbst als der „ewige Jude" erscheint, wieder in „heftige Unruhe". Erneut fragt er
nach dem „Frauenzimmer", das er geliebt habe und das
er nun plötzlich ebenso wie seine Mutter durch eigene
Schuld „todt" sieht: „Ich bin ein Mörder." Oberlin macht
Lenz nun Vorhaltungen: „vielleicht lebten alle diese Personen noch [...] und werde Gott, wenn er sich zu ihm
bekehrt haben würde, diesen Personen auf sein Gebet
und Thränen soviel Gutes erweisen, daß der Nutzen,
den sie alsdann von ihm hätten, den Schaden, den er
ihnen zugefügt, vielleicht weit überwiegen würde."

Am Nachmittag bringt Lenz Oberlin ein Bündel Gerten;
er solle ihn damit schlagen. Oberlin nimmt ihm jedoch
die Gerten aus der Hand und weist ihn darauf hin, dass
alle möglichen Schläge „keine einzige seiner Sünden til-
gen" würde; „dafür hätte Jesus gesorgt, zu dem möchte
er sich wenden."

Nach einem Nachtessen, bei dem Lenz „mit ängstlicher
Hast" über andere Dinge spricht, ruft er dann um Mitter-
nacht im Hof den Namen „Friederike" aus, stürzt sich
wieder in den Brunnentrog und gibt, wieder in seinem
Zimmer, Geräusche der Zerknirschung von sich.

Lenzens Langeweile und Fluchtversuche
(S 27.26–30.8 / R 24.29–27.7)

Am Morgen danach bleibt Lenz „ruhig und unbeweglich" im Bett und ist nur schwer ansprechbar. Er beruft sich darauf, die „Langeweile" habe ihn ergriffen. Oberlin fordert ihn auf, sich an Gott zu wenden; Lenz nennt ihm eine Kirchenliedstrophe, die von einer Bedrängung durch das göttliche Licht spricht.

Als Oberlin am Nachmittag das Pfarrhaus verlassen will, tritt ihm Lenz entgegen, Gesicht und Kleidung mit Asche bestreut, und lässt sich von ihm den Arm einrenken; er habe sich aus dem Fenster gestürzt. Der erschrockene Oberlin lässt für die Zeit seiner Abwesenheit den Schulmeister von Bellefosse kommen. Dieser begleitet Lenz nach Fouday an das Grab des verstorbenen Kindes (vgl. S. 18). Nach wirren Gebeten irrt Lenz zwischen Waldbach und Fouday hin und her und versucht den Schulmeister und seine inzwischen zu Hilfe gekommenen Brüder abzuschütteln.

Als die Verfolger in Fouday ankommen, ist Lenz dort in einem Haus auf sein Verlangen als „Mörder" festgebunden worden. Er lässt sich zu dem zurückgekehrten Oberlin bringen, wird freundlich empfangen und beruhigt sich. Die Nacht verbringt er im Gebet. Am Morgen kommt er vergnügt zu Oberlin und teilt ihm mit, das „Frauenzimmer", von dem er gesprochen habe, sei tot. Lenz spricht ohne Erklärung von „Hieroglyphen" und schreibt dann einige Briefe. (Am Ende des hier abbrechenden Absatzes wollte Büchner vermutlich Briefstellen des historischen Lenz einfügen, wie die Formulierung „Siehe die Briefe" – vielleicht eine Arbeitsnotiz Büchners – nahelegt.)

Anfälle (S 30.9–33.30 / R 27.8–30.23)

Die Darstellung verlässt nun das zeitliche Nacheinander und gibt ein zusammenfassendes Bild des in dieser Phase erreichten Zustands: Lenz' Verfassung ist nun „immer trostloser geworden". Die Welt hat für ihn einen „ungeheuern Riß", Leere und „folternde Unruhe" erfüllen ihn, schwere Angstzustände stören immer wieder seine Gespräche mit anderen. Seine Anfälle, Selbstmordversuche und wirre Reden erfüllen Oberlin und seine Familie mit Mitleid, das Gesinde mit Entsetzen.

Am Morgen des 8. (Februar) bleibt Lenz wieder im Bett und klagt bei Oberlin über die „ungeheure Schwere der Luft". Als Oberlin abends von einem Krankenbesuch in Bellefosse heimkehrt, begegnet er im Mondlicht Lenz, der zunächst ganz „vernünftig" scheint, dann aber über eine „entsetzliche Stimme, die um den ganzen Horizont schreit, und die man gewöhnlich die Stille heißt", klagt. Gleich darauf, im Haus, hört Oberlin einen schweren Aufprall – offenbar ein erneuter Fenstersturz von Lenz.

Abfahrt nach Straßburg
(S 33.31–34.22 / R 30.24–31.12)

Zu Beginn des letzten Textabsatzes, vor dem sich in Gutzkows Erstdruck ein großer Zeilendurchschuss und Querstrich befinden (vgl. S. 64 ff.) und eine inhaltliche Zäsur signalisieren, sitzt Lenz bereits „mit kalter Resignation" in dem Wagen, der ihn nach Straßburg wegführen wird. In gleichgültiger Ruhe erlebt er das grandiose Farbenspiel von Abendrot und Vollmondnacht. Bilder einer kalt-kristallinen, gleichsam eingefrorenen Welt spiegeln seinen inneren Zustand. Bei einer Einkehr kann er nur durch scharfe Bewachung am Selbstmord gehindert werden. Die letzten Sätze, die der Ankunft in Straßburg noch folgen, kennzeichnen den Zustand des Erloschenseins, dem er jetzt endgültig verfallen ist:

> „Er schien ganz vernünftig, sprach mit den Leuten; er that Alles wie es die Andern thaten, es war aber eine entsetzliche Leere in ihm, er fühlte keine Angst mehr, kein Verlangen; sein Dasein war ihm eine nothwendige Last. – – So lebte er hin."

Thematische Aspekte

Wahnsinn und
Gegenmächte

Zentrum des Interesses bildet in Büchners Erzählung das bedrohte und leidende Ich der Zentralfigur Lenz, genauer der „Welt- und Wirklichkeitszerfall des metaphysisch Entwurzelten" (Schmidt 1985, S. 49), dessen Weg von relativer Hoffnung über den Wechsel von tröstlichen und bedrohlichen Anwandlungen bis zum seelischen Erlöschen verfolgt wird. Es ist ein Weg in den Wahnsinn, der zunächst als Gefahr aufblitzt und dann als Zustand eintritt. Rettende Mächte säumen den Weg, und zwar zum einen in Form der Religion, die dem leidenden Menschen Halt verspricht, zum anderen in Form der Kunst, die als Formulierung und Fixierung der Wirklichkeit Entlastung bieten könnte. Der Entwicklungsgang spiegelt sich insgesamt in den Naturbildern, die das Ganze der Erzählung in reicher und differenzierter Ausgestaltung begleiten, von den machtvoll aufgewühlten Gewalten des Beginns bis zu der tödlich starren und kalten Szenerie des Endes. Die verschiedenen thematischen Schwerpunkte des Werks weisen also untereinander einen engen Sinnzusammenhang auf.

Natur

Funktion und Entwicklung der Naturbilder	
⟹	Naturbilder als Spiegelung seelischer Zustände
⟹	Vergleich mit Goethes *Werther*
⟹	Spannungsvolles Kräftespiel zu Beginn
⟹	Zustand der Starre am Schluss

Die Erzählung *Lenz* bietet unmittelbar nach ihrem Beginn und unmittelbar vor ihrem Ende je ein grandioses Naturbild, ja sogar ein Naturpanorama; denn es handelt sich in beiden Fällen nicht um einen einzelnen Eindruck oder Ausschnitt der Natur, sondern um ein weiträumiges Gesamtbild:

> „Anfangs drängte es ihm in der Brust, wenn das Gestein so wegsprang, der graue Wald sich unter ihm schüttelte, und der Nebel die Formen bald verschlang, bald die gewaltigen Glieder halb enthüllte; es drängte in ihm, er suchte nach

etwas, wie nach verlornen Träumen, aber er fand nichts. Es war ihm alles so klein, so nahe, so naß, er hätte die Erde hinter den Ofen setzen mögen, er begriff nicht, daß er so viel Zeit brauchte, um einen Abhang hinunter zu klimmen, einen fernen Punkt zu erreichen; er meinte, er müsse Alles mit ein Paar Schritten ausmessen können. Nur manchmal, wenn der Sturm das Gewölk in die Thäler warf, und es den Wald herauf dampfte, und die Stimmen an den Felsen wach wurden, bald wie fern verhallende Donner, und dann gewaltig heran brausten, in Tönen, als wollten sie in ihrem wilden Jubel die Erde besingen, und die Wolken wie wilde wiehernde Rosse heransprengten, und der Sonnenschein dazwischen durchging und kam und sein blitzendes Schwert an den Schneeflächen zog, so daß ein helles, blendendes Licht über die Gipfel in die Thäler schnitt; oder wenn der Sturm das Gewölk abwärts trieb und einen lichtblauen See hineinriß, und dann der Wind verhallte und tief unten aus den Schluchten, aus den Wipfeln der Tannen wie ein Wiegenlied und Glockengeläute heraufsummte, und am tiefen Blau ein leises Roth hinaufklomm, und kleine Wölkchen auf silbernen Flügeln durchzogen und alle Berggipfel scharf und fest, weit über das Land hin glänzten und blitzten, riß es ihm in der Brust, er stand, keuchend, den Leib vorwärts gebogen, Augen und Mund weit offen, er meinte, er müsse den Sturm in sich ziehen, Alles in sich fassen, er dehnte sich aus und lag über der Erde, er wühlte sich in das All hinein, es war eine Lust, die ihm wehe that; oder er stand still und legte das Haupt in's Moos und schloß die Augen halb, und dann zog es weit von ihm, die Erde wich unter ihm, sie wurde klein wie ein wandelnder Stern und tauchte sich in einen brausenden Strom, der seine klare Fluth unter ihm zog." (S 7 f. / R 5 f.)

„Gegen Abend waren sie im Rheinthale. Sie entfernten sich allmählig vom Gebirg, das nun wie eine tiefblaue Krystallwelle sich in das Abendroth hob, und auf deren warmer Fluth die rothen Strahlen des Abend spielten; über die Ebene hin am Flusse des Gebirges lag ein schimmerndes bläuliches Gespinnst. Es wurde finster, jemehr sie sich Straßburg näherten; hoher Vollmond, alle fernen Gegenstände dunkel, nur der Berg neben bildete eine scharfe Linie, die Erde war wie ein goldner Pokal, über den schäumend die Goldwellen des Monds liefen. Lenz starrte ruhig hinaus; keine Ahnung, kein Drang; nur wuchs eine dumpfe Angst in ihm, je mehr die Gegenstände sich in der Finsterniß verloren." (S 34 / R 30 f.)

Diese beiden Gesamtbilder umfassen jeweils ganz gegensätzliche Lichtwerte von blendender Helligkeit bis zu schwärzester Finsternis, verschiedene Schärfegrade

Wechselbeziehung zwischen den Naturbildern

von diffuser Verschwommenheit bis zu schneidender Klarheit, schließlich auch eine gleichbleibende Farbskala, die über die Töne Rot, Blau, Silber (Beginn) und Gold (Ende) in verschiedener Intensität verfügt. Schon in dieser offensichtlich bis ins Einzelne künstlerisch kalkulierten Parallelität des „Natureingangs" und des „Naturausgangs" der Erzählung liegt ein zwingender Hinweis darauf, dass ein planender künstlerischer Wille Anfang und Ende des Textes umspannt, mag auch die überlieferte Textfassung des Erstdrucks in mancher Hinsicht zweifelhaft und fragmentarisch sein und vielleicht sogar Bruchstücke aus verschiedenen Arbeitsphasen versammeln (vgl. S. 69 ff.).

Umso wichtiger werden von hier aus die Unterschiede der beiden einander entsprechenden Textstellen. Denn da beide Naturbilder nicht einfach vom Erzähler präsentiert, sondern deutlich als von Lenz erlebte Natureindrücke dargeboten werden, gibt ihre Verschiedenheit Aufschluss über dessen innere Verfassung am Beginn und am Ende des Aufenthalts in Waldbach.

Das einleitende Naturbild gestaltet das, was Lenz' Schicksal sein wird, nämlich den Zerfall der Wirklichkeit und den Verlust der Orientierung in der Welt. Dies erscheint jedoch noch als Gefahr oder Bedrohung und nicht als zwangsläufig erreichter Endzustand. Dass die Erde plötzlich schrumpft und – „klein wie ein wandelnder Stern" – ihre gewohnte Dimension verlässt, dass das Ich dabei ins Überdimensionale wächst und „alles in sich fassen" möchte – das ist hier noch plötzliche Anwandlung und nicht immer wiederkehrende Zwangsvorstellung. Das mehrfach genannte „Drängen" in Lenz' Innerem beweist, dass sich noch Unruhe, Kampf und Widerstand in ihm regen.

Der weitgespannte Schlusssatz mit den gewaltig ausholenden „wenn"-Perioden (S 7.22–8.15 / R 5.21–6.13), in dem die einleitende Schilderung gipfelt, zeigt wie ein seelisches Schlachtengemälde, mit welcher Anstrengung das Ich noch Gegenwehr leistet, Ordnung und Überschau bewahren will. Es ist übrigens ein Satz, der sich geradezu als Gegenstück zu einem ähnlich berühmten Satz im Brief vom 10. Mai aus Goethes *Die Leiden des jungen Werthers* (1774 und 1787) liest. Dort heißt es:

Orientierungs-
verlust als Gefahr
und Endzustand

„Wenn das liebe Thal um mich dampft, und die hohe Sonne an der Oberfläche der undurchdringlichen Finsterniß meines Waldes ruht, und nur einzelne Strahlen sich in das innere Heiligthum stehlen, ich dann im hohen Grase am fallenden Bache liege, und näher an der Erde tausend mannichfaltige Gräschen mir merkwürdig werden; wenn ich das Wimmeln der kleinen Welt zwischen Halmen, die unzähligen, unergründlichen Gestalten der Würmchen, der Mückchen, näher an meinem Herzen fühle, und fühle die Gegenwart des Allmächtigen, der uns nach seinem Bilde schuf, das Wehen des Allliebenden, der uns in ewiger Wonne schwebend trägt und erhält; mein Freund! wenn's dann um meine Augen dämmert, und die Welt um mich her und der Himmel ganz in meiner Seele ruhn, wie die Gestalt einer Geliebten; dann sehne ich mich oft, und denke: ach könntest du das wieder ausdrücken, könntest dem Papiere das einhauchen, was so voll, so warm in dir lebt, daß es würde der Spiegel deiner Seele, wie deine Seele ist der Spiegel des unendlichen Gottes!" (Goethe 1774, zit. nach: Luserke [Hrsg.] 1999, S. 13)

Vergleich mit Werthers Brief vom 10. Mai 1771

Allerdings gestaltet Büchner sein Seelenbild noch spannungsvoller als Goethe: Werther hat zwar mit Büchners Lenz das gestörte Verhältnis zur Welt gemeinsam, doch behält er im obigen Zitat gerade noch den Überblick über seine Welt der bedrängenden Fülle in der Hinwendung vom Umfassenden zum Einzelnen und der Rückwendung zu dem alles beherrschenden göttlichen Geist. Dagegen wird bei Lenz der Weg in die Selbstzerstörung viel konkreter geschildert. Immerhin deuten sich hier auf der bildlichen Ebene mit „Wiegenlied und Glockengeläute" noch mögliche rettende Instanzen der kreatürlichen und religiösen Geborgenheit an. Und die auffällig dicht einbezogenen akustischen und taktilen Sinneseindrücke garantieren noch einen fast erdhaften Kontakt mit einer vielstimmigen, sinnlich greifbaren Welt.

Ganz anders – bei aller Vergleichbarkeit der einzelnen Elemente – wirkt dann das abschließende Naturbild auf den Leser. Die Naturwirklichkeit erscheint hier als ein geisterhaftes Schauspiel und ist auf unheimliche Weise vom wahrnehmenden Menschen getrennt. Sie bietet lediglich grandios abgehobene oder schmerzhaft grelle optische Reize. Vorstellungen des Anorganischen und formal Abstrahierten („Krystallwelle", „Goldwellen") beherrschen das Bild. Die richtungweisenden Partikeln

Auflösung der Wirklichkeit

(hinauf-, hinunter-, heran-, hinein-), die sich im einleitenden Naturbild auffällig häufen und das beobachtende Ich als Bezugspunkt einer dynamisch bewegten Welt betonen, fehlen im abschließenden Naturbild ganz. Der Bezug zwischen dem Ich und seiner Welt ist offenbar abgerissen, die Auflösung trifft auf keinen Widerstand mehr. Dem entspricht folgerichtig, dass Lenz nun als „ruhig" bezeichnet wird; „keine Ahnung, kein Drang" beunruhigen ihn mehr.

Vernichtungsprozess im Spiegel der Naturbilder

Was am Beginn und am Ende der Erzählung, gleichsam in Form von aufeinander bezogenen „Ecksätzen" (durchaus im musikalischen Sinn des Worts), exemplarisch greifbar wird, nämlich Naturschilderung als Spiegelbild eines seelischen Entwicklungs- und Vernichtungsprozesses, findet sich auch leitmotivisch und in gedämpfter Intensität im ganzen Erzähltext. In ihm herrscht durchweg, soweit er Naturszenerien beschreibt, „ein eigentümliches Wogen, Gleiten und Ziehen, ein ständiger Wechsel zwischen gleißender Helle und beängstigender Finsternis, eine Bewegung, in der alles Feste, Dingliche sich auflöst und nur für Augenblicke zu einem kompakten, leeren, gleichsam blicklosen Sein erstarrt" (Herrmann 1966, S. 265 f.).

Wahnsinn

Zeitgeschichtliche Wertung und Gestaltung bei Büchner	⇒ Psychische Erkrankung in der Sicht des 18. Jahrhunderts
	⇒ Büchners Absage an moralisierende Deutungen
	⇒ Wahnvorstellungen als das Normale
	⇒ Symptome im Text
	⇒ Zusammenhänge mit „Langeweile" und Melancholie

Büchners Ansatz

In einem Brief vom Oktober 1835 kündigt Büchner den Eltern seine nächsten Pläne an:

> „Ich habe mir hier allerhand interessante Notizen über einen Freund Goethe's, einen unglücklichen Poeten Namens L e n z verschafft, der sich gleichzeitig mit Goethe hier aufhielt und halb verrückt wurde. Ich denke darüber einen Aufsatz in der deutschen Revue erscheinen zu lassen." (G. Büchner, *Die Briefe*, 2011, S. 39)

In der Tat steht Lenz' „Verrücktheit" für ihn wie für seinen Gewährsmann Oberlin im Zentrum des Interesses. Sie erfährt aber dann in der literarischen Bearbeitung eine völlig andere Akzentuierung, Erklärung und Bewertung als bei Oberlin.

Im Bericht „Der Dichter Lenz, im Steinthale" des historischen Johann Friedrich Oberlin ist alles, was über die Anfälle und merkwürdigen Verhaltensweisen des historischen Lenz verzeichnet wird, von einer doppelten Perspektive geprägt: der des Mitleids und der der Rechtfertigung des eigenen Handelns. Immer wieder wird deutlich, dass Oberlin in seinen Anschauungen und Wertungen – bei aller Hilfsbereitschaft und aller Geduld – das Kind seines Zeitalters bleibt, das psychische Erkrankungen als Folge von Ausschweifung, verbotener Lust und (religiös gesprochen) Sünde interpretiert. Da werden zur Erklärung dessen, was Lenz zustößt, die „Prinzipien die so manche heutige Modebücher einflößen, die Folgen seines Ungehorsams gegen seinen Vater, seiner herumschweifenden Lebensart, seiner unzweckmäßigen Beschäftigungen, seines häufigen Umgangs mit Frauenzimmern" (S 73 / R 47.1–4) bemüht. Und die an moralische Erpressung grenzende Vorhaltung „wir nahmen sie mit Liebe auf, meine Frau pflegte Ihren kranken Fuß mit so großer Geduld und sie erzeigen uns so viel Böses, stürzen uns aus einem Schrecken in den andern" (S 72 / R 45.31–34) ließe sich nur vertreten, wenn man annähme, Lenz habe sein Verhalten frei bestimmen können, sei also für sein Geschick selbst verantwortlich.

Oberlins Sicht: Mitleid und Rechtfertigung

Büchner, dessen eigene Zeit über solche unzureichende Verständnismuster für seelische Krankheiten noch nicht wesentlich hinausgekommen war, entfernt sich gleichwohl grundlegend und mit genialer Intuition von dieser moralisierenden Deutung. In seiner Erzählung werden die zuerst in vereinzelten Anfällen auftretenden und dann fortschreitenden geistigen Störungen zunächst ohne jede Kommentierung durch den Erzähler in Lenz' Handlungen und Wahrnehmungen greifbar. Weil sie unerklärt bleiben, wirken sie umso suggestiver und beunruhigender. Einblicke in mögliche Gründe werden gegeben, jedoch erst spät und nur sparsam. Zwar klingen

Büchners Distanz zu moralisierender Deutung

Oberlins moralisierende Vorhaltungen und Ermahnungen in Büchners Text an, aber der Kontext stellt jeweils klar, dass sie weder erklärende Kraft haben noch als hilfreich angesehen werden können (S 26.7 ff, 26.29 ff / R 23.11 ff, 23.24 ff.). Sie bleiben erzählerisches Element und erhalten keine über die Textstelle hinausreichende Deutungsfunktion.

Büchner hat sich hier offenbar von den Darstellungsprinzipien leiten lassen, die er Lenz im Kunstgespräch vertreten lässt, nämlich dem Vorrang einer genau erfassten Wirklichkeit vor allen spekulativen Ausdeutungen und der lebensvollen Darstellung ohne Rücksicht auf Schönheit oder Hässlichkeit: „Man versuche es einmal und senke sich in das Leben des Geringsten und gebe es wieder, in den Zuckungen, den Andeutungen, dem ganzen feinen, kaum bemerkten Mienenspiel" (S 17.2 ff. / R 14.21 ff.).

Wahnvorstellung als Normalität

Dies beginnt bereits in der einleitenden Schilderung der Wanderung durchs Gebirge, wo sich unvermittelt der erstaunliche Satz findet: „Müdigkeit spürte er keine, nur war es ihm manchmal unangenehm, daß er nicht auf dem Kopf gehn konnte" (S 7.10–12 / R 6.10–12). Arnold Zweig notiert dazu aus dem Abstand fast eines Jahrhunderts: „Mit diesem Satz beginnt die moderne europäische Prosa" („Versuch über Georg Büchner", 1921, in: *Essays*, Bd. 1: *Literatur und Theater*, Berlin 1959, S. 188; vgl. S. 76 der vorliegenden Lektürehilfe). In der Tat sind hier die kühnen Erzähleingänge eines Franz Kafka vorweggenommen – etwa: „Als Gregor Samsa eines Morgens aus unruhigen Träumen erwachte, fand er sich in seinem Bett zu einem ungeheuren Ungeziefer verwandelt", so der Beginn der Erzählung *Die Verwandlung* (1916). Die Wahnvorstellung springt den Leser bei beiden Autoren völlig unvermittelt an, als das Selbstverständliche und gerade darum besonders Bestürzende.

Gestörte Raumwahrnehmung

In Büchners *Lenz* beginnt sich eine vielfältige und wie ein Netz über die Erzählung gebreitete Symptomatik des Wahnsinns zu entwickeln. Einige der wiederkehrenden Symptome seien hier verzeichnet: Die gestörte Orientierung im Raum, die im eben zitierten Satz als „Verkehrung" vorliegt, findet sich an vielen Stellen in abgewandelter Form wieder, nämlich als Verzerrung der Größenordnungen („er dehnte sich aus und lag über der Erde", S 8.9 f. / R 6.7 ; „er amüsirte sich, die Häuser auf die Dächer zu stellen", S 31.2 / R 27.35 f.), als Bedrängung durch Enge („es ist mir manchmal, als stieß' ich mit den Händen an den Himmel", S 23.34 f. / R 21.7 f.) und als Empfindung der Leere („es war ihm Alles leer und hohl, er mußte laufen und ging zu Bette", S 25.26 f. / R 22.33 f.).

In ähnlicher Weise holen Lenz immer wieder anfallartige Angstzustände ein. Sie sind jeweils hervorgerufen durch das Fremdwerden bestimmter Verbindungslinien zur Wirklichkeit und beziehen sich beispielsweise auf Dunkelheit („die Finsterniß verschlang Alles", S 10.4 f. / R 7.36), Orientierungslosigkeit („es faßte ihn eine namenlose Angst in diesem Nichts, er war im Leeren", S 8.28 f. / R 6.26 f.), gefährdete Sprachbeherrschung („Im Gespräch stockte er oft, eine unbeschreibliche Angst befiel ihn, er hatte das Ende seines Satzes verloren", S 30.20 f. / R 27.18–20). Sie führen zu unkontrollierten und hektischen Reaktionen. Sprachlich artikuliert sich das an manchen Stellen in bestimmten manisch wiederholten Formeln, etwa „gestorben, ja gestorben" und „Hieroglyphen, Hieroglyphen" (S 30.2 f. / R 27.2 f.) oder „dann sagte er: consequent, consequent; wenn Jemand was sprach: inconsequent, inconsequent" (S 31.35 ff. / R 28.32 f.). Das seiner selbst nicht mehr gewisse Ich, das sich nur noch in erstarrten Versatzstücken aussprechen kann, schwankt zwischen Selbstverabsolutierung („Es war ihm dann, als existire er allein, als bestünde die Welt nur in seiner Einbildung, als sey nichts, als er", S 31.31–33 / R 28.28 f.) und Selbstentfremdung bis hin zur Spaltung des Ich („es war als sey er doppelt und der eine Theil suchte den andern zu retten, und rief sich selbst zu", S 31.25–27 / R 28.22–24).

Ausdruck des zunehmend gestörten Verhältnisses zur Realität sind Träume und Visionen. Häufig nehmen sie die Form akustischer Zwangsvorstellungen an. Das beginnt, wenn auch noch punktuell, bereits zu Beginn („das Biegen seines Fußes tönte wie Donner unter ihm", S 8.27 / R 6.25 f.) und endet, nun gleichsam konzentrisch und mit höchster Intensität bedrängend, unmittelbar

Ängste

Manisch wiederholte Sprachfetzen

Akustische Zwangsvorstellungen

vor dem Erlöschen am Schluss: „hören Sie denn nicht die entsetzliche Stimme, die um den ganzen Horizont schreit, und die man gewöhnlich die Stille heißt" (S 33.19–21 / R 30.13–15).

Tief gestört ist auch Lenzens Verhältnis zur Zeit. An die Stelle des selbstverständlichen, ausgewogenen Zeitflusses tritt ein merkwürdiges Widerspiel von jäher Beschleunigung und zäher Verlangsamung. Das noch zu Beginn mögliche Verfügen über Vergangenes in der Erinnerung („er wurde ruhig, es war ihm als träten alte Gestalten, vergessene Gesichter wieder aus dem Dunkeln, alte Lieder wachten auf", S 9.27–29 / R 7.23–25) weicht zwanghaften und haltlosen Versuchen, das Vergangene festzuhalten, etwa wenn es heißt, Lenz „jagte mit rasender Schnelligkeit sein Leben durch" (S 31.34 f. / R 28.31). Auf der anderen Seite dann das krankhafte Empfinden einer Verlangsamung des Zeitflusses:

> „Ja Herr Pfarrer, sehen Sie, die Langeweile! die Langeweile! o! so langweilig, ich weiß gar nicht mehr, was ich sagen soll, ich habe schon alle Figuren an die Wand gezeichnet. […] Alles aus Müssiggang. Denn die Meisten beten aus Langeweile; die Andern verlieben sich aus Langeweile, die Dritten sind tugendhaft, die Vierten lasterhaft und ich gar nichts, gar nichts, ich mag mich nicht einmal umbringen: es ist zu langweilig" (S 27.29 ff. / R 24.32 ff.).

Das ist das Bild einer in Trübsinn und nichtigem Treiben erstarrten Welt, in der alles gleichgültig, weil gleich ungültig ist.

„Langeweile" als Krankheit des Jahrhunderts

Es handelt sich hier aber nicht nur um einen bezeichnenden Zustand von Büchners Erzählfigur Lenz und auch nicht nur um ein in Büchners Werk immer wieder auftretendes Motiv. Was in der deutschen Sprache als „Langeweile" einen etwas banalen sprachlichen Ausdruck gefunden hat („Weltschmerz" oder „Weltekel" ist eigentlich gemeint), ist nichts weniger als die „Jahrhundertkrankheit der Restaurationsperiode" (Dedner 1995, S. 38) und kennzeichnet auch im gesamten europäischen Zeitklima die düstere Stimmung einer Epoche, die vielen ihrer führenden Geister von Stagnation, Nivellierung und kulturellem Niedergang gezeichnet erscheint. Mayer (1972, S. 281) verweist auf die entsprechende Rolle der „Langeweile" in Büchners *Dantons Tod* und *Leonce und Lena* und schreibt: „Auch Büchner weiß darum, wenn er auch tiefer als die romantisierenden Elegiker oder Satiriker der Langeweile ihre Ursachen erkannte. Hier im ‚Lenz' erscheint Langeweile als Symptom für den Zustand der Störung und Kontaktlosigkeit."

Zusammenhänge bestehen auch mit der schon seit Jahrhunderten geläufigen Symptomatik der Melancholie. Dem traditionellen Bild des Melancholikers entsprechen schon die zwiespältigen und schwankenden Stimmungen, die Lenz immer wieder ergreifen – Selbstmitleid auf der einen Seite („er empfand ein leises tiefes Mitleid in sich selbst", S 14.20 / R 12.10), zugleich aber auch eine paradoxe Lust am eigenen Leiden („er stand nun am Abgrund, wo eine wahnsinnige Lust ihn trieb, immer wieder hineinzuschauen, und sich diese Qual zu wiederholen", S 25.29–31 / R 22.36 ff.); „er schluchzte, er empfand ein tiefes, tiefes Mitleid mit sich selbst; das waren auch seine seligsten Augenblicke", S 32.15–17 / R 29.11 f.).

Melancholie und Selbstmitleid

Bis hin zu diesen Verhaltensweisen – die ihrerseits wieder traditionell vorgeprägt sind, etwa in der seit der Antike gängigen Vorstellung vom „süßen Leiden" in der Liebesdichtung – gibt Büchner in *Lenz* eine vielschichtige, von Medizinern oft als klinisch genau bewunderte Darstellung des Wahnsinns. Er zeigt die „Verrückung" des Geistes in ihren tief beunruhigenden Ausprägungen, jedoch abgelöst von früheren moralischen und moralisierenden Deutungen. Zugleich wird sie begreiflich als Reaktion des Menschen auf eine fatale geistige und soziale Situation, als Leiden am allgegenwärtigen Leiden in Gottes – Gottes? – Welt: „wär' ich allmächtig, sehen Sie, wenn ich so wäre, und ich könnte das Leiden nicht ertragen, ich würde retten, retten" (S 32.20–22 / R 29.15–17).

Religion

Relativierung des Religiösen	
⟶	Religiöse Prägung der Hauptfiguren Lenz und Oberlin
⟶	Leiden als Grunderfahrung in der Welt der Erzählung
⟶	Büchners religionskritische Umfunktionierung des Kirchenlieds
⟶	Lenzens Weg zu Verzweiflung und „Atheismus"

Gefährdung des religiösen Glaubens

Die Auseinandersetzung zwischen dem religiösen Glauben und seiner Gefährdung ist von der ganzen Anlage der *Lenz*-Erzählung her eine thematische Konstante: Der Pfarrerssohn Lenz sucht Zuflucht beim Pfarrer Oberlin und verharrt damit in der weltanschaulichen Perspektive, in die er hineingeboren wurde (und die, nebenbei, das Werk des historischen Lenz bis in die letzten Verästelungen der Motive und des aus der Bibel schöpfenden sprachlichen Repertoires hinein prägt). Freilich erweisen sich die Tröstungen der Religion im Verlauf von Büchners Erzählung als zu schwach. Ihnen überlagern sich zugleich leise angedeutete, aber spürbare religionskritische Untertöne.

Leiden, Not und Entbehrung sind Grunderfahrungen in der ländlichen Welt des 18. Jahrhunderts. Das gilt ganz allgemein. Ganz exemplarisch gilt es aber im Steintal, das der historische Oberlin zum Schauplatz seines Wirkens gewählt und an dem er seine Antwort eines praktisch tätigen Christentums gelebt hat. Von der Strahlkraft, die von Oberlins beharrlichem Kampf um kleine Verbesserungen ausgeht, bleibt auch der Protagonist in Büchners Erzählung in einem seiner besseren Augenblicke nicht unberührt. Aber das, was Oberlins Existenz bleibenden Sinn gibt, ist für Lenz nur eine Episode. Er kann dieses Leben nicht auf Dauer führen. Schon die Glaubensbasis, von der aus das allein zu leisten wäre, wird für ihn brüchig.

Motiv des Leidens

Das Motiv des Leidens aber durchzieht die ganze Erzählung in vielfältigen Brechungen, von der Hinwendung zur trostbedürftigen Kirchengemeinde im Gottesdienst bis zu dem Erlebnis mit dem kranken Mädchen in der Berghütte und schließlich zu Lenz' seelischem Erlöschen am Ende. Die Forschung hat von einer „Radikalisierung der Leiddarstellung" (Hinderer 1976, S.492) gesprochen, die die positiven Vorzeichen des Leidens aus der christlichen Tradition beseitigt und insofern eine Konsequenz der Säkularisation (vgl. S. 49 ff.) darstellt.

Die Gewichte von Leiden und Glauben sind bei Büchner also anders verteilt, als es die Religion verheißt. Nicht die Gewissheit einer Erlösung aus dem Jammertal bestimmt das Bild, sondern der irdische Jammer selbst in seiner ganzen Schwere. Insofern wird aus dem Bericht des historischen Oberlin, der seinen Umgang mit einem leidenden Menschen rechtfertigt, in Büchners Umformung eine Darstellung des Leidens und der gläubigen Linderungsversuche von einem außerhalb liegenden Blickpunkt.

In dieser Umwertung liegt eine – wenn auch leise – Distanzierung von Oberlin. Lenz' Leiden ist nicht dort begründet, wo Oberlin es annimmt, und es lässt sich nicht mit den Mitteln heilen, die Oberlin aufbietet.

Bezeichnend für die religionskritischen Untertöne in *Lenz* ist die Ausgestaltung der Gottesdienst-Episode (S 13.25–14.27 / R 11.15–12.16), eine der poetisch dichtesten Stellen der Erzählung. Die Szene, die die ganz realen klimatischen und sozialen Gegebenheiten des Steintals – winterliche Natur, geplagte Menschen, wärmendes Gotteshaus – in knappster Form zu symbolischer Ausdruckskraft bringt, ist durchgehend geprägt vom Wortfeld Schmerz, Tränen, Leiden, Wunden. Das alles gipfelt in der Strophe eines von der Gemeinde gesungenen Kirchenlieds:

Gottesdienst-Episode und Predigt

> Laß in mir die heil'gen Schmerzen,
> Tiefe Bronnen ganz aufbrechen;
> Leiden sey all' mein Gewinnst,
> Leiden sey mein Gottesdienst.

Büchners Liedstrophe

Hier „bedient sich Büchner eines pietistischen Vokabulars, welches die Erhebung des Herzens zu Gott im mystischen Bild der im Herzensgrund aufbrechenden Quelle faßt" (Anz 1981, S. 163) und trifft die Vorstellungswelt des historischen Oberlin, wie sie etwa in dessen erhaltenen „Jenseitstafeln" zum Ausdruck kommt, in denen irdisches Leiden und jenseitige Glückseligkeit einander gegenübergestellt werden.

Merkwürdigerweise ist erst seit 1954 bekannt, dass diese Strophe einem Lied des in Halle wirkenden Arztes und Apothekers Christian Friedrich Richter (1676–1711) nachgebildet ist – eigentlich naheliegend bei Büchner, dem Meister der Montage und des verkappten Zitats. In Richters „Lied Eines Krancken", 1714 erschienen in J. A. Freylinghausens Sammlung *Neues geistreiches Gesangbuch* ..., lautet die entsprechende Stelle allerdings etwas anders:

Christian Friedrich Richters pietistische Vorlage

Leiden ist jetzt mein Gewinnst;
Das ist jetzt des Vaters Wille,
Den verehr ich sanft und stille;
Leiden ist mein Gottesdienst.

Pietismus als religiöse Strömung

„In [dem Lied Richters] erfahren Krankheit, Schmerz und Leid ihre christliche Begründung und Deutung. Richter folgt damit einer pietistischen Leidenstheologie, die Krankheit und Leid als ‚Liebeszeichen' Gottes versteht und auffordert, gegen die Anfechtungen des Schmerzes den Weg der Nachfolge Christi, die ‚Leidensbahn', als Reinigung und Bewährung des Glaubens zu gehen" (Anz 1981, S. 163). Die originale Strophe entspricht damit einer speziellen Richtung der Vorstellungswelt des Pietismus, einer bis heute wirksamen, im 18. Jahrhundert sehr einflussreichen, von dem Prediger Ph. J. Spener (1635–1705) ausgehenden Erneuerungsbewegung innerhalb des Protestantismus. Diese setzte auf verinnerlichte Selbstanalyse und vertieften Glaubenseifer des Einzelnen in seinem Bezug zu Gott und zur Bibel, weniger auf die kirchlichen Institutionen.

Büchners Änderungen auf der Basis seiner Religionskritik

Die Änderungen Büchners in den beiden von ihm benutzten Versen sind scheinbar gering, verändern aber deren Bedeutung entscheidend. Die fromme Gewissheit der indikativischen Aussage „Leiden ist jetzt mein Gewinnst" bei Richter wird durch das „sey" in einen bloßen Wunsch aufgelöst, dessen Erfüllung dahinsteht. Vor allem lässt sich aber die Aussage „Leiden sey all' mein Gewinnst" nun so verstehen, dass dem leidenden Gläubigen überhaupt kein anderer ‚Gewinn' als eben sein Leiden bleibt. Das wäre jedoch eine unverhüllt antichristliche Lesart. Auf sie lässt sich Büchners geheimnisvoll vieldeutiger Text zwar nicht klar festlegen, sie klingt aber doch zumindest an, schon weil sie in bewusster Umformung einer eindeutig frommen Vorlage entstanden ist.

Die Vorstellung vom ‚Sterben als Gewinn' ist in zahlreichen weiteren Formulierungen der religiösen und selbst der antiken Literatur zurückverfolgt (vgl. etwa Rölleke 1995) worden. Es konnten noch vor dem pietistischen Kirchenlied liegende Belege bei Sophokles (*Antigone*, V. 461 ff.), bei Paulus (Philipper-Brief 1,21; in Luthers Bibelübersetzung „Sterben ist mein Gewinn") und in der volkstümlichen Tradition verzeichnet werden. Gerade auch dieser Vergleich durch die Zeiten bestätigt, dass Büchners Version – die der Autor übrigens mit ähnlicher Tendenz auch im *Woyzeck* in der Szene „Kaserne" einsetzt – den Trost in Frage stellt, der in der Verheißung eines durch Leiden und Tod errungenen Gewinns liegen soll.

Religion ist also in Büchners *Lenz* und gerade auch an dieser wichtigen Textstelle überwältigend präsent, aber sie ist keine unangefochtene Grundlage des Weltverständnisses mehr. Vielmehr wird sie mit kritischen Anklängen und Untertönen versehen und spendet keinen verlässlichen Trost.

Die existenzielle Erschütterung, die im Verblassen der Glaubensgewissheit liegt, veranschaulicht Büchner auch im weiteren Verlauf der Erzählung – über die konkrete Darstellung des seelischen Erlöschens der Zentralfigur hinaus – , und zwar besonders in den letzten Passagen des Textes. Nach dem Tod des Kindes, das Lenz in Fouday aufzuerwecken versucht, gerät er erstmals in wilde Auflehnung gegen den Gott, der all das Leiden zulässt:

Lenz' Auflehnung gegen Gott

> „Der Wind klang wie ein Titanenlied, es war ihm, als könne er eine ungeheure Faust hinauf in den Himmel ballen und Gott herbei reißen und zwischen seinen Wolken schleifen; als könnte er die Welt mit den Zähnen zermalmen und sie dem Schöpfer in's Gesicht speien; er schwur, er lästerte" (S 25.13 ff. / R 22.19 ff.).

Mit dem „Titanenlied" wird hier der klassische, seit dem Sturm und Drang wieder geläufige Mythos des Aufbegehrens gegen die göttliche Macht beschworen. Wo es aber Auflehnung gibt, da wird immerhin noch eine göttliche Macht vorausgesetzt. Insofern wird das eigentlich heillose Stadium erst im Fortgang der Szene erreicht, wo – ähnlich wie im Märchen der Großmutter aus Büchners *Woyzeck*, diesem Zentraldokument des Glaubensverlusts – der Himmel, vormals angenommene Wohnstätte Gottes, zu alberner Gegenständlichkeit erstarrt:

> „und der Himmel war ein dummes blaues Aug, und der Mond stand ganz lächerlich drin, einfältig. Lenz mußte laut lachen, und mit dem Lachen griff der Atheismus in ihn und faßte ihn ganz sicher und ruhig und fest" (S 25.20 ff. / R 22.26 ff.).

Endstadium: Atheismus

Bezeichnenderweise verändert sich an dieser Stelle auch die Erzählperspektive: Büchner fällt hier aus der Anschaulichkeit des bildhaften Erzählens in die Distanz des Begriffs: Mit dem „Atheismus" ist das letzte Stadium der Glaubenskrise beim Namen genannt und die Antwort des Menschen ist hier nicht mehr Auflehnung, sondern das Lachen der Verzweiflung.

Von hier aus öffnet sich der Weg zu den Angstzuständen, die Lenz immer wieder ergreifen. Auch sie werden von Büchner an einigen Stellen auf den Begriff gebracht, etwa beim Scheitern von Lenz' Versuchen, sich in die Welt Oberlins einzugliedern:

> „Sein Zustand war indessen immer trostloser geworden, alles was er an Ruhe aus der Nähe Oberlins und aus der Stille des Thals geschöpft hatte, war weg; die Welt, die er hatte nutzen wollen, hatte einen ungeheuern Riß, er hatte keinen Haß, keine Liebe, keine Hoffnung, eine schreckliche Leere und doch eine folternde Unruhe, sie auszufüllen. Er hatte *Nichts*" (S 30.9 ff. / R 27.8 ff.).

Das Nichts und die Leere

Dies weist schon unmittelbar voraus auf Lenz' Endzustand, der als „entsetzliche Leere" (S 34.19 f. / R 31.10) nach dem Erlöschen aller Gefühle, auch der Angst, beschrieben wird. Leere ist ein Schlüsselwort der Erzählung. Es tritt bereits am Anfang auf, dort noch als Bedrohung, nicht als Faktum, darum begleitet von „Angst". Was Lenz zu Beginn als Gefahr bedrohte, hat ihn jetzt eingeholt. Dass er nicht mehr glauben kann, hat ihn zum „Atheismus" und damit zum „Nichts" und ins „Leere" geführt.

Kunst

→ Kunst als rettende Macht anstelle der Religion
→ Zusammenhänge mit der Ästhetik von Büchner und J. M. R. Lenz
→ Die Rolle des „Kunstgesprächs" für die Erzählung

Rolle der Kunst bei J. M. R. Lenz, Büchner und in der Erzählung

Wenn Lenz schon der Trost des Glaubens versagt bleibt, so könnte er vielleicht woanders welchen finden – in der Kunst zum Beispiel. Eine solche Erwägung findet sich im angestrebten Lebensentwurf des historischen J. M. R. Lenz vorgeprägt, der sich der vom Vater bestimmten geistlichen Laufbahn zugunsten einer ungesicherten Dichterexistenz entzogen hat. Sie liegt aber auch für den Autor Georg Büchner nahe, der im Jahr 1835 schreibt, also unter dem Eindruck der zu Ende gegangenen „Kunstperiode" Goethes und Schillers (d. h. der Weimarer Klassik) und der Höhenflüge der Romantik, die der Kunst größte Autonomie als Reich des Geistes über der Wirklichkeit und höchsten Rang als Sinn stiftende und Sinn formulierende Instanz gegeben haben. Büchner hat sich mit dieser Möglichkeit intensiv auseinandergesetzt. Sie scheint auf in dem „Kunstgespräch" zwischen Lenz und Kaufmann (S 16.15–19.4 / R 13.36–16.20), das den Fluss der Erzählung mit deutlichem Eigengewicht unterbricht und um das in der Forschung viel gerätselt worden ist: Formuliert dieses Gespräch Gedanken des historischen Lenz oder die der (mit ihm nicht notwendig identischen) Erzählfigur Lenz oder die des Autors Büchner? Ragt das Gespräch als selbstständiger ästhetischer Exkurs aus der Erzählung heraus oder hat es eine bestimmte Funktion für die Erzählung? Als argumentativ gesichert können heute folgende Überlegungen zur Einordnung des Kunstgesprächs gelten:

Die Rolle der Kunst für Lenz und Büchner

1. Büchner hat sich in seinen ästhetischen Anschauungen in einer Traditionslinie mit dem historischen Lenz gesehen. Er hat zumindest im *Woyzeck* die dramatischen Gestaltungsmittel von Lenz' Hauptwerken weiterentwickelt (vgl. S. 42 f.). Zentrale Aussagen des fiktiven Lenz im Kunstgespräch finden klare Parallelen in programmatischen Sätzen des historischen Lenz. Etwa:

Büchner in der ästhetischen Tradition von Lenz

> „[…] nach meiner Empfindung schätz ich den charakteristi-
> schen, selbst den Karikaturmaler zehnmal höher als den
> idealischen, hyperbolisch gesprochen, denn es gehört
> zehnmal mehr dazu, eine Figur mit eben der Genauigkeit und
> Wahrheit darzustellen, mit der das Genie sie erkennt, als
> zehn Jahre an einem Ideal der Schönheit zu zirkeln" (J. M. R.
> Lenz, *Anmerkungen übers Theater*; in: *Werke und Schriften*,
> Bd.1, Stuttgart: Goverts 1966, S.342).

Diese historische Äußerung spiegelt sich in folgender Äußerung des fiktiven Lenz wider:

> „Ich verlange in allem Leben, Möglichkeit des Daseins, und
> dann ist's gut; wir haben dann nicht zu fragen, ob es schön,
> ob es häßlich ist, das Gefühl, daß Was geschaffen sey, Leben
> habe, stehe über diesen Beiden, und sey das einzige
> Kriterium in Kunstsachen" (S 17.2 ff. / R 14.21 ff.).

Lenz' Forderung nach Hinwendung zu den kleinen Leuten

Auch die Hinwendung zu den kleinen Leuten, die Büchners Lenz im Kunstgespräch fordert („Man versuche es einmal und senke sich in das Leben des Geringsten", S 17.2–4 / R 14.21–23), hat der historische Lenz bewusst gewollt und praktiziert, z.B. in dem Dramenfragment *Die Kleinen* (um 1775), wo es programmatisch heißt:

> „Ach ihr großen aufgeklärten Menschen, wenn ihr wüßtet wie
> es in dem kleinen engen Zirkel der Gedanken jener Unter-
> drückten aussieht, denen ihr ihn immer weiter einschränkt …
> wie schwach und ohnmächtig jeder Entschluß, wie dunkel
> und traurig jede Vorstellung" (*Werke und Schriften*, Bd.2,
> S.775).

Es wäre also künstlich, bedeutsame Unterschiede zwischen den Thesen im Kunstgespräch und denen des historischen Lenz anzunehmen, nur weil Büchner einige dem Geniekult des Sturm und Drang entstammende ästhetische Überzeugungen des historischen J. M. R. Lenz ausspart.

Büchners ästhetische Position

2. Andererseits hat sich Büchner offenbar nicht um dokumentarische Treue in der Wiedergabe von Lenz' Kunstauffassung bemüht. Der Ansatzpunkt des Kunstgesprächs ist merkwürdig anachronistisch, denn die „idealistische Periode" (S 16.17 f. / R 14.2) hat erst nach Lenzens Aufenthalt bei Oberlin die deutsche Literatur zu bestimmen begonnen, im Grunde erst mit der klassizis-

tischen Wendung nach Goethes Italienreise (1786–88). Das historische Vorbild des Gesprächspartners, Christoph Kaufmann (1753–95), war auch keineswegs ein Anhänger dieser Richtung, sondern blieb als eines der problematischen Halbgenies des Sturm und Drang einer pietistischen Lebensführung verpflichtet.

Richtig ist, dass Büchner im Kunstgespräch seine eigenen Überzeugungen wiedergibt, nämlich die Absage an alle idealistischen Verklärungstendenzen und das Programm eines entschiedenen Realismus im Namen menschlicher Solidarität gerade mit den Unbeachteten und Unscheinbaren. Dies hat er ähnlich auch in einem dramatisch nur notdürftig eingegliederten Gespräch in *Dantons Tod* II,3 zum Ausdruck gebracht, wo der blanke Hohn von Büchners ‚Sprachrohr' Camille Desmoulins über alle idealisierende Kunst gegossen wird:

> „Schnitzt Einer eine Marionette, wo man den Strick hereinhängen sieht, an dem sie gezerrt wird und deren Gelenke bei jedem Schritt in fünffüßigen Jamben krachen, welch ein Charakter, welche Konsequenz! Nimmt Einer ein Gefühlchen, eine Sentenz, einen Begriff und zieht ihm Rock und Hosen an, macht ihm Hände und Füße, färbt ihm das Gesicht und läßt das Ding sich 3 Akte hindurch herumquälen, bis es sich zuletzt verheiratet oder sich totschießt – ein Ideal!" (*Danton's Tod*, in: G. Büchner, *Dichtungen*, Frankfurt a.M.: Deutscher Klassiker Verlag 2006, S.44)

Höhnische Abwertung der idealisierenden Kunst

Und schließlich findet Büchners Ästhetik, auffälligerweise etwa zeitgleich mit der Entstehung der *Lenz*-Erzählung, ihre prägnanteste Ausprägung in dem berühmten Brief an die Familie vom 28. Juli 1835, dessen Kernsatz lautet:

> „Wenn man mir übrigens noch sagen wollte, der Dichter müsse die Welt nicht zeigen wie sie ist, sondern wie sie sein solle, so antworte ich, daß ich es nicht besser machen will, als der liebe Gott, der die Welt gewiß gemacht hat, wie sie sein soll." (*Die Briefe*, 2011, S.34).

3. Am schwierigsten bleibt die Antwort auf die Frage, in welchem Bezug das Kunstgespräch zu der Erzählung im Ganzen steht. Man könnte sich mit der Annahme bescheiden, dass Büchner seine Überzeugungen, die er ja weithin mit Lenz teilt, hier ohne viel Rücksicht ausdrü-

cken wollte. Dabei ist auch zu bedenken, dass er zu keiner Überarbeitung des Textes gekommen ist.

Will man dennoch einen Bezug herstellen, so könnte er nur ironischer Art sein, wie es wohl am einleuchtendsten Jochen Schmidt (1985, Bd. 2, S. 49) annimmt:

> „Es bezeichnet gerade den historischen Stellenwert dieser Erzählung, daß sie in ihrem Mittelteil, in Lenzens Kunstgespräch mit Kaufmann, die Hinwendung zur Lebensrealität nur theoretisch proklamiert. Praktisch scheitert Lenz. Programm und Existenz, Sein-Wollen und Sein-Können treten schroff auseinander. Dies ergibt die Kontrapunktik der Erzählung, um derentwillen Büchner das Kunstgespräch in die Mitte gerückt hat."

Kunst – so bleibt festzuhalten – erweist sich auf der Ebene der Erzählung nicht als eine Macht, die nach dem Verfall der religiösen Gewissheiten fähig wäre, die „Leere" der Lebensrealität zu füllen. Aber das Programm der liebenden Zuwendung zu den „geringen" Menschen, das Büchner am Beispiel von Lenz so inbrünstig entwickelt, ist durchaus fortschrittlich. Büchner ist jedoch kein Romantiker; er gehört nicht zu den Autoren, die der Kunst ernsthaft eine Ersatzfunktion für das Leben zutrauen. Das ist der Erzählung deutlich eingeschrieben: Wo der Protagonist Lenz tätig mithelfen könnte, bleibt er beobachtend am Rand des Geschehens (vgl. etwa S 11.6–19 / R 8.36–9.12). Wo Lenz dann wirklich zu helfen versucht, nämlich bei dem Unterfangen, das tote Mädchen von Fouday zu erwecken (S 24.17–25.9 / R 21.25–22.16), trägt diese Hilfe wahnhafte Züge und wird von den Menschen auch so verstanden und entsetzt zurückgewiesen. Die leidenschaftlich geforderte Hinwendung zum „Geringsten" (S. 17.3 f. / R 14.22 f.) scheitert also in der Realität der Erzählung und erhält so eine ironische Note. Damit hinterlässt das Gespräch über die Kunst in Lenz' seelischer Entwicklung und in der gesamten Erzählung keine weiteren Spuren.

Ironisierung der Hinwendung zu den kleinen Leuten

Erzählfiguren

Büchner bezieht sich in seiner Erzählung nicht nur auf reale, heute noch überprüfbare Schauplätze, sondern im Wesentlichen auf historische Personen: Oberlin, der im Steintal sein Leben verbracht, Lenz, den eine Episode seines Lebens dorthin geführt hat. Die Nebenfiguren – wie etwa Oberlins Frau, der Schulmeister Sebastian Scheidecker, der Besucher Kaufmann – sind teils historisch verbürgt, teils aber auch offensichtlich – wie etwa das kranke Mädchen in der Hütte – von Büchner erfunden. Sie alle bleiben eigentümlich gesichtslos, zwar mit scharfen, suggestiven Strichen gezeichnet, aber ohne individuelle Ausgestaltung. Alles ist auf das Zusammen- und Gegenspiel der beiden Protagonisten zentriert, zwischen denen so etwas wie eine Vater-Sohn-Beziehung greifbar wird.

Haupt- und Nebenfiguren

Der historische Lenz

⇒ 23. Januar 1751: Geburt von J. M. R. Lenz in Seßwegen (Livland; Baltikum)
⇒ 1768 Studium der Theologie in Königsberg
⇒ 1771 Abbruch des Studiums, Reise nach Straßburg
⇒ 1774/76 Erscheinen der Hauptwerke *Der Hofmeister* und *Die Soldaten*
⇒ 1776 Lenz in Weimar; Ausweisung
⇒ 20. Januar–8. Februar 1778: Lenz' Aufenthalt bei Oberlin
⇒ 1779 Lenz' Rückkehr nach Livland und Russland
⇒ 24. Mai 1792: Tod von J. M. R. Lenz in Moskau

Daten zum Leben und Werk von Jakob Michael Reinhold Lenz

Jakob Michael Reinhold Lenz, von der Literaturgeschichte lange als Epigone des jungen Goethe, als pathologischer Sonderfall und als Hindernis auf dem Weg zur Weimarer Klassik verzeichnet, seit einigen Jahrzehnten aber als bedeutender Wegbereiter des sozialen Dramas und Autor von eigenem Interesse erkannt, wurde am 23. Januar 1751 in Seßwegen im russisch beherrschten Livland geboren. Sein Vater, Pastor und pietistischer Prediger mit ausgeprägt despotischen und selbstgerechten Zügen, bestimmte den Sohn zu seiner Nachfolge im geistlichen Beruf. Der Sohn fügte sich dieser Vorbestim-

Herkunft und Jugend

mung zunächst: 1768 nahm er in Königsberg das Studium der Theologie auf. Nach fünf Semestern, die eher dichterischen Versuchen als der Theologie gewidmet waren, brach Lenz aus der vorgezeichneten Bahn aus. Er ging 1771, gegen den Willen des Vaters, als Begleiter zweier kurländischer Barone, die in französische Militärdienste treten wollten, ins Elsass.

Sturm- und Drangzeit in Straßburg

In Straßburg – damals Stadt des aufblühenden Handels und des militärischen Gepränges im Schnittpunkt deutscher Tradition und französischer Lebensart – gerät Lenz in die Runde junger Genies um den Aktuar Salzmann, die die Keimzelle des „Sturm und Drang" bildet: Heinrich Leopold Wagner, Johann Heinrich Jung-Stilling, Johann Gottfried Herder, vor allem aber der junge Johann Wolfgang Goethe. Ihm schließt sich Lenz besonders an. Selbst ist er zu dieser Zeit aber bereits verstrickt in seine eigentümliche Lebensproblematik aus unbewältigter Emanzipation von der väterlichen Ordnungswelt und dem unerfüllbar hohen Anspruch genialischen, selbstbestimmten Schöpfertums.

Schon 1772 verlässt Goethe Straßburg. Lenz geht mit einem der Barone in verschiedene Militärlager, nach Fort Louis im Elsass, später nach Landau, schließlich zurück nach Straßburg. Er sucht die von Goethe verlassene Friederike Brion in Sesenheim auf. Indem er – erfolglos – um sie wirbt, also Goethe „hinterherliebt", scheint zum ersten Mal ein Verhaltensmuster auf, das sich wiederholen wird (und auf das in Büchners *Lenz* angespielt wird; vgl. etwa S 23.13 f. / R 20.22). Lenzens erstes bedeutendes

Der Hofmeister

Schauspiel *Der Hofmeister* entsteht, eine drastische, tragikomische Darstellung sozialer Abhängigkeiten und damit eine klarsichtige, aktuelle Diagnose eines gesellschaftlichen Problems mit Zügen eines verkappten Selbstporträts. Der eher jämmerliche „Held" Läuffer, der zerrieben wird zwischen den Möglichkeiten seiner kümmerlichen Existenz als Privaterzieher und seinem persönlichen Emanzipationsbedürfnis, schwängert die Tochter der Adelsfamilie, bei der er in Stellung ist, und kastriert sich am Ende selbst. 1774 anonym erschienen, wird das Werk von Kritik und Lesepublikum mit einer Mischung von Begeisterung und Entsetzen aufgenommen – und Goethe zugeschrieben.

Lenz lebt in dieser Zeit kümmerlich, erst noch von den Zuwendungen der Kurländer, dann vorwiegend von Sprachunterricht. Gleichwohl bringen die Jahre 1774/75 den Höhepunkt seiner literarischen Produktivität. In der schlagkräftig skizzierten Literatursatire *Pandämonium Germanicum* stellt Lenz sich selbst neben Goethe als kommendes Genie innerhalb einer schwächlichen zeitgenössischen Literatenszene dar. Das Schauspiel *Die Soldaten* entsteht, ein scharfes Abbild des amourösen Treibens der Offiziere am Rand der Bürgersphäre. Es ist gespeist aus Lenz' eigenen Beobachtungen in der Männerwelt des Militärlagers, weist mit seinen Kurzszenen eine Art Blitzlichttechnik auf und verfügt über eine schlagkräftige Sprache in der suggestiven Erfassung der Charaktere. Besonders der Tuchhändler Stolzius mit seinem Ton kalter Entschlossenheit und biblisch-archaischer Gleichnishaftigkeit ist das unmittelbare Vorbild von Büchners Woyzeck. Gleichzeitig entstanden die *Anmerkungen übers Theater*, eine der wichtigsten dramentheoretischen Äußerungen des Sturm und Drang. Hier wird kurzerhand mit Aristoteles, dem großen Vorbild der klassizistischen Dramatiker, abgerechnet und die „so erschröckliche jämmerlich berühmte Bulle von den drei Einheiten" (*Werke und Schriften*, Bd. 1, S. 344) höhnisch verworfen.

Die Soldaten

Anmerkungen übers Theater

Das Ziel eines Anschlusses an Goethe bestimmt auch Lenzens weitere unstete Aktionen. Er geht ins badische Emmendingen und steigert sich dort in leidenschaftliche Verehrung für Goethes unglücklich verheiratete Schwester Cornelia hinein. Sie hält ihn jedoch auf Distanz. Dann, im Frühjahr 1776, versucht Lenz noch einmal in der Nähe Goethes Fuß zu fassen. Er macht sich auf nach Weimar und wird dort am herzoglichen Hof zunächst freundlich-amüsiert empfangen. Aber Goethe hat inzwischen die Geniemanieren abgelegt. Er muss auf seine Position am Hof achten und bringt so für die bizarren Streiche des exzentrischen Mitbruders von einst kein rechtes Verständnis mehr auf – zumal dieser sich eng an die mit Goethe selbst emotional verbundene Frau von Stein anschließt. Lenz lebt ungeniert auf Kosten des Hofs, erregt mehrfach Anstoß, schockiert die konventionsbewusste höfische Welt und wird schließ-

Auf der Suche nach Goethe: Lenz in Emmendingen und Weimar

Jakob Michael Reinhold Lenz. Radierung von G. F. Schmoll, 1776

lich auf Goethes Betreiben mitten im Winter ausge-
wiesen – dies nach einer letzten nicht weiter erklärten
„Eseley" (Goethe), die Generationen von Forschern be-
schäftigt hat und hinter der sich nach neuesten Erkennt-
nissen wohl eine anzügliche Darstellung der Rolle Goethes als Gefälligkeitsdichter bei Hof aus Lenz' Feder
verbirgt. Goethe hat später aus der Distanz seiner im Alter (1829) verfassten Lebenserinnerungen ein tendenziö-
ses Bild von Lenz gezeichnet, das bei aller Anerkennung
von dessen literarischem Talent schon durch die auffälligen Verkleinerungsformen deutliche Vorbehalte verrät
und zu Lenz' lang andauernder Missachtung beigetra-
gen hat:

> „Klein, aber nett von Gestalt, ein allerliebstes Köpfchen,
> dessen zierlicher Form niedliche etwas abgestumpfte Züge
> vollkommen entsprechen; blaue Augen, blonde Haare, kurz
> ein Persönchen, wie mir unter nordischen Jünglingen von Zeit
> zu Zeit eins begegnet ist; einen sanften, gleichsam
> vorsichtigen Schritt, eine angenehme nicht ganz fließende
> Sprache, und ein Betragen, das, zwischen Zurückhaltung und
> Schüchternheit sich bewegend, einem jungen Manne gar
> wohl anstand." (Goethe, *Dichtung und Wahrheit*. Dritter Theil.
> Elftes Buch, zit. nach: S 79).

Bald nach der Vertreibung aus Weimar setzt bei Lenz der
erste Schub seiner psychischen Erkrankung ein, einer
Form der Schizophrenie oder schizophrenen Psychose.
In einer Arbeit über die Autoren des Sturm und Drang
zitiert Werner Kließ aus einem medizinischen Werk,
das die wohl bei Lenz vorliegende Sonderform der „Kata-
tonie" wie eigens auf ihn zugeschnitten beschreibt:

> „Beginn um das 25. Lebensjahr, akute Erregungs- oder
> Sperrungs-(Stupor-)Zustände, Verlauf in Schüben mit nahezu
> symptomfreien Intervallen, schließlich aber doch meist
> Defektbildung. Denkstörungen, Wahnideen, Sinnestäuschun-
> gen, Gefühlsstörungen, Impulshandlungen (darunter
> Selbstmordversuche, die von wilder Entschlossenheit zeugen)"
> (W. Kließ 1970, S. 38).

Lenz reist in der Folge auf wirren Wegen durch die
Schweiz, an den Bodensee, dann wieder nach Emmendingen zu Goethes Schwager Schlosser, dessen Frau
Cornelia gerade gestorben ist. Das Drama *Der Engländer*
mit seiner tödlich ernsten Darstellung eines Vater-Sohn-

Konflikts erscheint. Dann folgt – zwischen dem 20. Januar und dem 8. Februar 1778 – der denkwürdige Aufenthalt in Waldersbach bei Oberlin, den Büchners Erzählung schildert. Sesenheim, wo Lenz in aufgewühltem Zustand nochmals bei Friederike Brion auftaucht, erneut Emmendingen, wo sich Schlosser bis hin zur Vermittlung einer Arbeitstherapie um ihn kümmert, und Hertingen bei Basel, wo ihn für einige Zeit ein Arzt aufnimmt, sind weitere Stationen seines bizarren Leidenswegs.

Lenz bei Oberlin

Während der ganzen Zeit richtet Schlosser immer wieder Appelle in Lenzens Heimat, wo der Vater, in kirchlichen Ämtern avanciert, inzwischen Superintendent von Livland und immer noch im Zorn, sich nur sehr zögernd bereitfindet, den gescheiterten Sohn wieder aufzunehmen. Erst im Frühjahr 1779 macht sich Lenz' jüngerer Bruder Karl auf den Weg. Am 23. Juli endlich läuft das Schiff mit den Brüdern in Riga ein.

Heimkehr nach Livland

In den nächsten Jahren scheitern Versuche, Lenz als Lehrer, Soldaten oder Juristen unterzubringen. Ein dauerhafter Aufenthalt im Haus des Vaters steht offenbar nicht zur Debatte. Lenz irrt im Baltikum umher, findet schließlich in St. Petersburg eine Anstellung als persönlicher Sekretär eines Generals, verliert diese Stellung aber wieder. Im Sommer 1781 kommt er nach Moskau und findet dort Beschäftigungen als Erzieher. Daneben verfasst er Übersetzungen russischer Literatur und weitere Schriften, die zum Teil erst nach dem Ende der Sowjetunion zugänglich wurden. Seine materielle Existenz bleibt kärglich, Gönner unterstützen ihn, die Krankheit entwickelt sich wechselhaft. Der Kontakt zur Familie ist spärlich. Publikationsvorhaben scheitern meist, Projekte zur Volksaufklärung werden nicht ernst genommen. Am Morgen des 4. Juni 1792 wird Lenz erfroren auf einer Moskauer Straße gefunden. Sein Grab ist nicht bekannt. In Deutschland schrieb die *Allgemeine Literaturzeitung* in einem Nachruf unter Moskauer Ortsangabe:

Der Nachruf auf Lenz

> „Heute starb allhier Jac. Mich. Reinh. L e n z der Verfasser des H o f m e i s t e r s , d e s n e u e n M e n o z a etc. von wenigen betrauret, und von keinem vermißt. Dieser unglückliche Gelehrte, den in der Mitte der schönsten Geisteslaufbahn eine Gemüthskrankheit aufhielt, die seine Kraft lähmte, und den Flug seines Genies hemmte, oder

demselben wenigstens eine unordentliche Richtung gab, verlebte den besten Theil seines Lebens in nutzloser Geschäftigkeit, ohne eigentliche Bestimmung …" (Zit. nach: Matthias Luserke, *J. M. R. Lenz: Der Hofmeister – Der neue Menoza – Die Soldaten*, München: Fink 1993, S.119)

Büchners Interesse an Lenz

➡ Berührung mit Lenzens Werken	Gemeinsam-
➡ Vergleichbare Lebenssituationen	keiten
➡ Säkularisation als gemeinsamer Zeithintergrund	Büchners
➡ Gemeinsame künstlerische Überzeugungen	mit Lenz

Was hat Georg Büchner an diesem merkwürdigen Dichter so angezogen, dass er ihn in der turbulentesten Phase seines kurzen Lebens zur Zentralfigur seines einzigen epischen Versuchs gemacht hat?

Es gab Berührungen mit Personen, die der Welt des Pfarrers Oberlin nahestanden, und zwar bei Büchners erstem Straßburger Aufenthalt 1831–33. Pfarrer Johann Jacob Jaeglé, der Vater von Büchners Braut, hatte Oberlin gekannt, der erst fünf Jahre vor Büchners Ankunft gestorben war, und ihm die Grabrede gehalten. Von seinem Freund August Stöber erhielt Büchner eine Abschrift von Oberlins Rechtfertigungsbericht über Lenz' Aufenthalt. Diesen Bericht hatte dessen Vater, Verfasser der ersten Oberlin-Biografie von 1831, im Nachlass des Waldersbacher Pfarrers gefunden (vgl. S.56). Zudem dürften Büchner im Haus der Stöbers Lenz' *Gesammelte Schriften* in Ludwig Tiecks 1828 erschienener dreibändiger Ausgabe in die Hände gekommen sein, die er noch in seiner letzten Lebensphase in Zürich besaß.

Solche Berührungen erklären aber allesamt nur, woher Büchner seine Kenntnis der Waldersbacher Episode und des literarischen Werks von Lenz bezog. Sie erklären nicht sein brennendes Interesse und seine in künstlerische Gestaltung umschlagende menschliche Teilnahme an Lenz. Dem liegt vielmehr eine tief begründete Affinität Büchners zu Lenz zugrunde, wobei drei Motivbündel ineinander verwoben sind: Büchner hat Lenz wohl als Schicksalsgenossen in persönlicher Hinsicht empfunden, er sieht sich ferner mit ihm in derselben geistesgeschichtlichen Frontstellung, und er nimmt ebenso Lenz'

Büchners Informationen über Lenz

Büchner und Lenz als Schicksalsgenossen

literaturästhetische Überzeugungen auf, wie er dessen dramatische Ausdrucksmittel aufgreift und weiterentwickelt.

Dass Büchner in den Konflikten des historischen Lenz seine eigenen wiederfinden musste, liegt auf der Hand:

> „Wahlverwandte sind Lenz und Büchner. Deutsche Dichter, geflüchtet beide aus dem Lande, steckbrieflich verfolgt der eine, überflüssig und mittellos der andere. Keiner sieht jemals auf einer deutschen Bühne eines seiner Stücke – auch hier teilen sie ein Schicksal. Im Exil verbringen beide ihre letzten Lebensjahre, sterben dort, jung noch, 23 ist der eine, 41 der andere. Gemeinsamkeit auch in Städten und Landschaften ihres zwiegespaltenen Glücks, ihres sie verzehrenden großen Schöpfertums: Straßburg, das Elsaß, die Vogesen. Straßburg ist für Lenz die Stadt am ‚Ufer des vielentscheidenden Rheins‘. Als ‚Adler‘ fühlt er sich in ‚wärmeren Gegenden näher der Sonne‘. Büchner notiert in Straßburg kurz nach der Flucht aus Deutschland: ‚[…] wenn ich den weiten, freien Raum um mich überblicke und mich dann in das Darmstädter Arresthaus zurückversetze‘" (Damm 1987, S. 258).

Auseinandersetzung mit den Vätern

Noch entscheidender ist vielleicht der Konflikt mit einer beherrschenden Vaterfigur, den Lenz und Büchner mit sich herumtragen. Von dem übermächtigen Schreckbild, das Lenz' Vater zeitlebens für den Sohn geblieben ist, war schon die Rede. Büchners Vater Ernst Karl Büchner (1786–1861), aus alter Ärztefamilie stammend, Hospitalchirurg und später Leiter der Obermedizinaldirektion in Darmstadt, war gleichfalls eine machtvolle Persönlichkeit, ohne die Enge des Livländer Pastors, frei von religiösen Bindungen und Überzeugungen, dafür von eisernem Pflichtdenken beherrscht und durchaus in den patriarchalischen Ordnungen seiner Zeit denkend. Entzieht sich der eine Sohn der väterlichen Berufsbestimmung und landet, als er Schiffbruch erleidet, bei Oberlin, dem „Vater des Steintals", so zeigt das deutliche Züge einer Flucht zu einem Alternativvater. Der andere Sohn – Georg Büchner – wird ebenso durch väterliche Bestimmung und in familiärer Tradition zum Medizinstudium nach Straßburg geschickt und gerät dort in eine politische Rebellion, die er vor dem Vater bis zur erzwungenen Flucht geheim halten muss. Also auch hier eine problematische Vater-Sohn-Beziehung, die sich gerade zur Zeit von Büchners Arbeit an *Lenz* äußerst angespannt darstellt und erst Jahre später, zwei Monate vor Georg Büchners frühem Tod, so etwas wie einen friedlichen Ausklang findet.

Hinter der greifbaren Affinität der persönlichen Situation beider Autoren verbirgt sich aber noch eine überindividuelle Gemeinsamkeit. Das problematische Spannungsverhältnis, in das Lenz und Büchner zur Welt der Väter treten, ist Ausdruck eines geistesgeschichtlichen Vorgangs, der sich vor allem im 18. Jahrhundert abspielt und im 19. fortwirkt. Die Rede ist von der Säkularisation. Säkularisation bedeutet in einem äußerlich-objektiven Sinn die von staatlicher Seite vorgenommene Umwandlung von geistlichen Ländereien, Besitztümern und Rechtsansprüchen in weltliche, wie sie bereits 1648 durch den Westfälischen Frieden, dann besonders im Jahr 1803 durch den Reichsdeputationshauptschluss als Übertragung der meisten Kirchengüter an die weltlichen Landesherren stattfand. Säkularisation im – hier interessierenden – geistesgeschichtlichen Sinn jedoch meint den entsprechenden Vorgang des Infragestellens, in letzter Konsequenz des Erlöschens religiöser Vorstellungen, Denkweisen und Überzeugungen, wie ihn die aufklärerisch-rationalistischen Tendenzen seit dem 18. Jahrhundert fortschreitend mit sich brachten. Diese Zeittendenz der Säkularisation wird bei Lenz wie bei Büchner eindrucksvoll sichtbar, und zwar in verschiedenen Stadien und daher in bezeichnend verschiedener Form.

Für Lenz, den in einer Welt strenger Gläubigkeit aufgewachsenen Pastorensohn, bedeutet das Verblassen religiöser Gewissheiten eine verstörende, qualvolle, tief einschneidende und letzten Endes vernichtende Erfahrung. Sie steht hinter seinem halbherzigen Betreiben und dem späteren Abbruch der theologischen Studien, der Flucht nach Straßburg und der lebenslangen Vaterphobie ebenso wie hinter der Flucht zum geistlichen Ersatzvater Oberlin. Ausbruch aus der geistlichen Bestimmung bedeutet aber längst nicht wirkliche Befreiung. Lenz verbindet sich und seine wichtigsten Dramenfiguren immer wieder mit dem Bild des „verlorenen Sohns". Religiöse und im engeren Sinn biblische Modelle prägen in großer Dichte und mit eindringlicher Inten-

Marginalien:

Begriff der Säkularisation

Säkularisation als Zeittendenz

Lenz als „verlorener Sohn"

sität die gesamte Ausdruckswelt seines Werks und durchziehen die Sprache seiner Figuren.

Für Büchner, den späteren Geistesverwandten, stellen sich die Dinge anders dar, da die Aushöhlung religiöser Sinnhorizonte schon weiter fortgeschritten ist. Zum Gedankengut seiner Familie gehört, ausgehend von Lebenserfahrung und Überzeugungen des Vaters, eine bereits prononciert atheistische, auf naturwissenschaftlichen Rationalismus gegründete Weltauffassung. Sie

Büchner als Kritiker des Idealismus

hat den jüngeren Bruder Ludwig Büchner (1824–1899) zu einer materialistischen Philosophie (Hauptwerk: *Kraft und Stoff*, 1855) geführt; sie liegt aber auch dem „Ringen Georg Büchners mit dem verwickelten Prozeß der menschlichen Leiden in einer ‚gottgeschaffenen Welt'" (Mayer 1972, S. 35) zugrunde. Wobei sich in Büchners Werk aggressive Ironie nicht nur gegen religiöse Bemäntelungen von Herrschaftsverhältnissen (etwa in den salbungsvollen Phrasen des Hauptmanns in *Woyzeck*) richtet, sondern darüber hinaus gegen jede harmonisierende Weltdeutung im Sinn des Idealismus. So ist Büchners Konflikt mit dem Vater begrenzt, bezieht sich nur auf die von diesem missbilligte praktische Konsequenz der „revolutionären Umtriebe", nicht wie bei Lenz auf den grundsätzlichen Lebensweg des Sohns, und kann deswegen zuletzt geheilt werden, während bei Lenz tiefe Entfremdung bleibt.

Schließlich verbinden – dies der dritte Gesichtspunkt – Lenz und Büchner vergleichbare literarästhetische Positionen. Sie resultieren aus den analogen Weltbildern. Wenn der Glaube an eine religiöse Ordnung der Welt ins Wanken gerät (so bei Lenz) und wenn die Annahme einer der materiellen Welt übergeordneten Idee nicht mehr trägt (so bei Büchner), dann steht im Mittelpunkt des literarischen Kunstwerks der leidende Mensch, der sich ausgeliefert sieht an die Macht der „Verhältnisse", der ihn tragenden und vor allem bedrängenden Bedingungen und Bedingtheiten. Damit schwindet auch die Freiheit des Menschen.

Grunderfahrung der Determiniertheit

Es bleibt die Grunderfahrung der Determiniertheit. Sie verbindet das dramatische Schaffen Büchners mit dem von Lenz. Dabei ist es das Verdienst des älteren Autors, dass er dem jüngeren die Ausdrucksmittel vorprägt, die den beschriebenen inhaltlichen Tendenzen angemessen sind: Auflösung der streng tektonischen Akteinteilung, blitzlichthaft aneinander gereihte Kurzszenen, Selbstentlarvung und Kontrastierung der Figuren in ihren verschiedenen „Sprachen" – kurz gesagt die offene Form. Die aristotelische, geschlossene Form des Dramas eignet sich mit ihrem kontinuierlichen Handlungsgang eher dazu, Konflikte zwischen souveränen, mündigen Persönlichkeiten darzustellen, nicht aber – wie die bilderbogenhaft reihende offene Form – zum Darstellen der teils handgreiflichen, teils atmosphärischen Zwänge, die die gesellschaftlichen Verhältnisse auf den Menschen ausüben. So führt über Lenz' *Soldaten* der Weg zu Büchners *Woyzeck*. Beide Werke verhalten sich zueinander wie der tastende Versuch und die konsequente Ausführung eines und desselben Stiltypus.

Offene Form als Ausdrucksmittel

Lenz als Figur Büchners

➡ Oberlins Bericht als Grundlage
➡ Wesentliche Hinzufügungen Büchners
➡ Veränderter Blickwinkel

Büchners Umgang mit Oberlins Bericht

Welche Ausprägungen ergeben sich, wenn Lenz, der durch persönliches Schicksal und literarische Tendenzen als wahlverwandt erlebte Autor, nun von Büchner zur Zentralfigur einer Erzählung gemacht wird? Ausgangspunkt ist Oberlins Bericht. Büchner hat ihn zum Teil wörtlich verwertet. Er hat aber auch umfangreiche Passagen hinzugefügt und er hat manches aus Oberlins Bericht verändert, manches weggelassen. Zusätzlich kompliziert wird das Bild dadurch, dass nach neueren Forschungsergebnissen Büchners Verhältnis zu seiner Hauptquelle im Lauf des Arbeitsprozesses erhebliche Veränderungen durchmachte.

Oberlins Bericht als Ausgangspunkt

Das Prinzip, das den Abweichungen zugrunde liegt, hat beträchtliche Auswirkungen darauf, wie dem Leser die Figur Lenz erscheint. Daher lohnt es sich, die wesentlichsten Zusätze Büchners zu überblicken:

– Lenz' Gang durchs Gebirge (S 7 f. / R 5 f.)
– Lenz in Begleitung Oberlins (S 10 f. / R 8 f.)

Zusätze Büchners

Auslassungen
bei Büchner

Weggelassen hat Büchner dagegen nur eine längere Pas-
sage, in der Oberlin ausführlich schildert, wie er den
völlig unberechenbar gewordenen Lenz unter Bewachung stellt und an Selbstmordversuchen hindern lässt;
diese Stelle hätte ihren Platz unmittelbar vor dem
Schlussabsatz von Büchners Erzählung gehabt. Da Büchners Text gerade hier eine Zäsur aufweist, könnte die
Auslassung mit der nicht erfolgten Fertigstellung der
Erzählung zusammenhängen; andererseits könnte
Büchner aber auch auf die Wiedergabe der näheren Einzelheiten verzichtet haben, da doch Lenz' Weg in seinen
trostlosen Endzustand hier bereits erreicht ist.

Für die Unterscheidung der Erzählfigur Lenz von dem
Bild des historischen Lenz, das Oberlins Bericht liefert,
sind also vor allem Büchners Zusätze wichtig. Ihnen ist
gemeinsam, dass sie eine bestimmte Erzählperspektive
schaffen, indem sie den Leser intensiv an Lenz' Blickwinkel und Erleben binden. Exemplarisch gilt dies von
den im Gebirge spielenden Abschnitten, die Lenz' Annä-
herung an Oberlins Welt, seine zeitweilige Entfernung
und die Wiederkehr schildern. Da es dabei gerade auch
um den Beginn der ganzen Erzählung geht, wird hier
bereits geleistet, was später insgesamt gelten wird:

Lenz als
Identifikations-
figur

Durchgehend ist Lenz Identifikationsfigur schon aufgrund der Stellung, des Umfangs und der emotionalen
Intensität der entsprechenden Passagen. Es ist allerdings
eine beunruhigende Identifikation, in die der Leser hin-
eingezwungen wird. Denn immer wieder erfolgen Quer-
schläger, beginnend mit dem berühmten, Verrücktheit
als Normalität präsentierenden Satz kurz nach Beginn:
„Müdigkeit spürte er keine, nur war es ihm manchmal
unangenehm, daß er nicht auf dem Kopf gehn konnte."
(S 7.10–12 / R 5.10–12).

Nicht nur von Oberlins Bild des historischen Lenz setzt sich Büchners Erzähltext in dieser Weise ab; er bietet sich dem Leser auch im Übrigen nicht als Studie über einen Autor der Literaturgeschichte, sondern als erzählerische Vergegenwärtigung eines zerrissenen Menschen. Biografische Umstände wie Lenz' problematische Vaterbeziehung oder seine Erinnerung an Friederike Brion werden nur vage angedeutet; der Name Goethes oder die vermutliche biografische Hauptursache der Krise, die Vertreibung aus Weimar, werden gar nicht genannt.

Deutlich akzentuiert erscheinen allerdings zwei Komplexe, die für Büchner grundlegende Bedeutung haben. In dem Kunstgespräch (S 16.15 ff. / R 14.1 ff.) unterlegt er seiner Erzählfigur bis hin zum Anachronismus die eigenen ästhetischen Anschauungen. Und an verschiedenen Stellen lässt er – in deutlicher Übersteigerung dessen, was den historischen Lenz schon als religiöse Anfechtung heimgesucht haben mag – den Protagonisten der Erzählung ein verzweifeltes Aufbegehren gegen Gott angesichts des Leidens in der Welt empfinden: „Lenz mußte laut lachen, und mit dem Lachen griff der Atheismus in ihn und faßte ihn ganz sicher und ruhig und fest." (S 25.21–23 / R 22.28–30)

Neue Akzente bei Büchner

Der historische Oberlin

⇒	31. August 1740: Geburt Oberlins in Straßburg	
⇒	1763 Magister der Philosophie und Theologie	
⇒	1767 Antritt der Pfarrerstelle in Waldersbach	
⇒	27. Juli 1794: Verhaftung im Zuge der Französischen Revolution	
⇒	1. August 1794: Freilassung nach Robespierres Sturz	
⇒	1. Juni 1826: Tod Oberlins	

Daten zu Johann Friedrich Oberlins Leben

Johann Friedrich – oder, in französischer Form, Jean-Frédéric – Oberlin spielt im späten 18. Jahrhundert in mehrfacher Hinsicht eine einzigartige Rolle. Als „Papa Oberlin" – so die Inschrift auf dem schmiedeeisernen Grabkreuz in Fouday – ist er in den Jahrzehnten seiner seelsorgerischen Tätigkeit der „Vater des Steintals" geworden und hat dieser armen, unwirtlichen und damals

Oberlins Bedeutung für seine Zeit

rückständigen Gegend des Elsass eine umfassende Verbesserung der Lebensbedingungen gebracht. Durch den rasch entstandenen Mythos seines hilfreichen Wirkens ist er als Menschenfreund, Pädagoge und sozialer Neuerer in ganz Europa und darüber hinaus zu einem Ruhm gelangt, der bis heute Besucher auf seinen Spuren in den Ban de la Roche bringt, wo das Musée Oberlin seine geistige Welt dokumentiert.

Herkunft und Jugend

Oberlin wurde am 31. August 1740 in Straßburg geboren. Sein Vater lehrte an dem besonders angesehenen Straßburger Gymnasium; seine Mutter entstammte wie er einer Familie pietistischer Prägung und lutherischer Konfession. Das Pastorenamt hatte hier Tradition. Der junge Oberlin studierte nach der Gymnasialzeit in seiner Heimatstadt Theologie, verschaffte sich aber zugleich – damals möglich und üblich – eine universelle Bildung von den alten Sprachen über die philosophischen und naturwissenschaftlichen Disziplinen bis hin zur Medizin; Kenntnisse, die sein späteres vielseitiges Wirken förderten.

Bildung

Noch vor dem akademischen Abschluss 1763 nahm Oberlin eine Stelle als Hofmeister (Hauslehrer) bei dem renommierten Straßburger Wundarzt Dr. Ziegenhagen an, lebte unter sehr kargen Umständen, verschaffte sich aber eingehende Kenntnisse chirurgischer Verfahren und Hilfsmittel. Er lernte die kulturphilosophische und pädagogische Ideenwelt der Aufklärung kennen (Rousseau, La Mettrie, Diderot) und verband sie mit dem Gedankengut des Pietismus zu einer Religiosität der praktizierten Humanität. Der Pietismus als eine im 18. Jahrhundert besonders einflussreiche Strömung protestantischer Frömmigkeit setzte weniger auf amtskirchliche Rituale als auf die fromme Versenkung des einzelnen Gläubigen, die Kräfte des Gemüts und die Selbsterforschung.

Weg ins Steintal

Wenige Jahre später kam Oberlin an den Ort, den er für den Rest seines Lebens durch sein Wirken prägte: Pfarrer Johann Georg Stuber holte ihn als seinen Nachfolger nach Waldersbach im Steintal. Oberlin heiratete dort im folgenden Jahr seine Cousine Marie Madeleine Salomé Witter und hatte mit ihr in fünfzehn Ehejahren neun Kinder, von denen sieben am Leben blieben.

Das Steintal war damals – trotz der von Pfarrer Stuber bereits begonnenen Aufbauarbeit – ein öder Landstrich, der seinen Einwohnern nur sehr eingeschränkte Lebensmöglichkeiten bot. Harte klimatische Bedingungen, äußerste Armut und Arbeitslosigkeit, schwere Zugänglichkeit durch mangelhafte Verkehrswege, geringe landwirtschaftliche Erträge machten das Leben hier zu einer schweren Prüfung.

Oberlin ging sofort an eine umfassende Entwicklung der Lebensverhältnisse. Er sorgte für den Bau einer Schule in jedem Weiler des Tals, kümmerte sich um Schulaufsicht und Lehrerbildung, verfasste und besorgte Lehrbücher, zog (lange bevor es das offiziell gab) ,Kindergärtnerinnen' heran und brachte Kinder ab vier Jahren in Strickstuben unter. Auch ersann er für sie mit großem Erfindungsreichtum pädagogisches Spielzeug.

Zusammen mit der Bevölkerung legte er breitere und in der Mitte erhöhte Wege an und baute Brücken, führte widerstandsfähige Kartoffelsorten und neue Obstsorten ein und konzipierte ein planmäßiges Bewässerungssystem. Er ließ Bäume pflanzen und veredeln, richtete im Pfarrhaus eine Apotheke ein und gab Anleitungen in Wundversorgung und Unfallhilfe. Die wirtschaftliche Entwicklung förderte er durch Errichtung von Webereien und Vergabe von Heimarbeit, durch Organisation handwerklicher Lehrverhältnisse, durch die Einrichtung einer Schuldentilgungskasse mit zinsloser Ausleihe und – lange vor Raiffeisen – einer Darlehenskasse.

Der Ruf dieser Aktivitäten machte Oberlin im Steintal zur verehrten Autorität, drang aber im Lauf der Jahre auch nach außen und verschaffte ihm europaweiten und sogar bis nach Amerika dringenden Ruhm als Menschenfreund und Sozialreformer. Inzwischen hatte er schon früh, im Jahr 1783, seine Frau verloren, deren Gesundheit den harten Lebensbedingungen auf die Dauer nicht gewachsen war. Er arbeitete trotz des schweren Schlags rastlos weiter; zwanzig Jahre nach Antritt der Stelle in Waldersbach entwarf und baute er selbst sein neues (heute nicht mehr erhaltenes) Pfarrhaus.

1794 verlor er seine dienstliche Funktion durch die Französische Revolution, die mit ihren antikirchlichen Tendenzen nun auch ins abgelegene Steintal vordrang. Oberlin, der die Proklamation der Menschenrechte begrüßt

Oberlins Entwicklungsarbeit

Wachsender Ruhm

Oberlin und die Französische Revolution

Letzte Jahre
und Tod

hatte, setzte seine Arbeit als Oberhaupt des örtlichen Jakobinerklubs fort, in der Kirche als einfacher Bürger predigend. Im Juli 1794 wurde er verhaftet; am folgenden Tag endete jedoch mit Robespierres Sturz die Terrorherrschaft; Oberlin kam frei und wurde im Nationalkonvent ehrenvoll erwähnt.

In seinen letzten Jahren wandte sich Oberlin mit Blick auf das Jenseits eschatologischen Gedanken zu. Er starb am 1. Juni 1826 und wurde in Fouday begraben; die Grabrede hielt der Straßburger Pfarrer Jaeglé, der Vater von Büchners Verlobter.

Zu einer exemplarischen Figur der Aufklärung im 18. Jahrhundert machen Oberlin sein lebenspraktischer Elan, der bis in die alltäglichsten Aktivitäten hinein auf die Verbesserung der Daseinsbedingungen seiner Mitmenschen gerichtet ist; sein ausgeprägter pädagogischer Impetus, der sich an die Bildsamkeit des jungen Menschen wendet und sie mit größtem Einfallsreichtum anzusprechen sucht; schließlich auch sein (in Büchners Erzählung anklingendes) spekulatives Interesse an Phänomenen einer visionären Innenschau, das der pietistischen Tradition, aber auch ganz allgemein einer bis heute zu wenig beachteten Unterströmung im Zeitalter der Aufklärung entspricht.

Oberlin als Figur Büchners

Oberlin in der Sicht der Erzählung	
➡	Oberlins Wirken als Hintergrund
➡	Mitleid, aber auch Moralisieren gegenüber Lenz
➡	Distanz des Erzählers zu Oberlins Bewertungen

Über Oberlin war Büchner durch seine Straßburger Kontaktpersonen offenbar gut unterrichtet, auch wenn er das Steintal nie betreten und die Spuren seines Wirkens damit nicht selbst gesehen hat (vgl. S. 59 f.). Er schöpfte daher nicht nur aus seiner primären Quelle, dem Bericht des Pfarrers über Lenz' Aufenthalt, sondern aus weiteren Quellentexten (vgl. S. 11) und wohl auch mündlichen Erzählungen.

Historische Fakten
als Voraussetzung

Was zunächst an der Gestalt auffällt, die Büchner Oberlin in seinem Erzähltext gibt, ist das Fehlen jeder Vorstellung oder Einordnung. „*Oberlin* hieß ihn willkommen" (S 9.9 f. / R 7.6 f), beginnt der erste Satz, der dem Pfarrer gewidmet ist. Die Rolle, die Oberlin als „Vater des Steintals" spielt, wird auch später nur beiläufig und in vagen Umrissen aus Handlungswendungen deutlich, etwa bei seinem hilfreichen Umgang mit den Leuten und seinem Verfügen über bereitwillige Hilfskräfte bei der Bändigung des Kranken. Den europaweiten Ruf, den Oberlin damals schon genoss, deutet Büchner nirgendwo an. Er überlässt es dem Leser (sofern er an einen solchen bei diesem zur Veröffentlichung gedachten, aber nie abschließend überarbeiteten Werk überhaupt denkt), sein Wissen um die Rolle des historischen Oberlin hinzuzufügen:

> „Alles Historische und Faktische setzt er voraus, es ist der Hintergrund, nicht der Gegenstand der Erzählung. Dieser Hintergrund ist immer gegenwärtig, wird aber nirgends um seiner selbst willen aufgehellt" (Herrmann 1966, S. 258 f.).

Dass andererseits sehr wohl mit dem Vorwissen des Lesers gerechnet wird, dass durchaus die historisch-konkrete Gestalt Oberlin und nicht eine irgendwie stilisierte oder abstrahierte ‚Attrappe' gemeint ist, ergibt sich aus Zusätzen Büchners, die konkrete Details von Oberlins Wirken und seinen Requisiten nennen, aber nicht dem Bericht Oberlins selbst entnommen sind, sondern offenbar anderen Informationen. Hierher gehört die Stelle, an der in größter Knappheit, fast im Telegrammstil, Oberlins Helferrolle umrissen wird:

Vorwissen des Lesers von Büchner einkalkuliert

> „In den Hütten war es lebendig, man drängte sich um Oberlin, er wies zurecht, gab Rath, tröstete; überall zutrauensvolle Blicke, Gebet. Die Leute erzählten Träume, Ahnungen. Dann rasch in's praktische Leben, Wege angelegt, Kanäle gegraben, die Schule besucht" (S 11.6 ff. / R 8.36 ff.).

Hierher gehört aber auch die Erwähnung von Oberlins – tatsächlich existenten – „Farbentäfelchen" (S 15.32 ff. / R 13.19 ff.) mit ihren spekulativen Zuordnungen von Farben zu menschlichen Eigenschaften.

Oberlin als Erzählfigur „meint" also den historischen Oberlin, ist aber nicht einfach identisch mit dem Pfarrer, wie er uns als Verfasser des Berichts über Lenz' Aufenthalt entgegentritt. Das ergibt sich schon aus den erwähnten Aussparungen und der Hinzufügung von Angaben über den historischen Oberlin. Es wird aber besonders deutlich aus den Tendenzen, die Büchners Umgang mit seiner Hauptquelle kennzeichnen und die die Figur Oberlins mit einer anderen als der biografisch greifbaren Akzentuierung versehen.

Verschiedene Blickwinkel in Oberlins Bericht und Büchners Erzählung

Oberlin schreibt seinen Bericht aus dem doppelten Blickwinkel der priesterlichen Fürsorge und der Rechtfertigung vor den Menschen und vor Gott – Büchner beseitigt diese Tendenz zugunsten einer Darstellung, die Oberlin nicht in der 1. Person („ich") selbst sprechen lässt, sondern ihn auch dadurch in fühlbarer Distanz hält, dass der Leser über weite Strecken der Erzählung die Geschehnisse aus Lenz' Blickwinkel miterlebt.

Oberlin verbindet seine Zuwendung zu Lenz mit deutlichen moralisierenden Formulierungen: „[…] so könnte und würde Gott, wenn er sich zu ihm bekehrt haben würde, diesen Personen auf sein Gebet und Thränen, so viel Gutes erweisen" (S 68 / R 40.21–23). Er übt moralischem Druck aus: „[…] wir nahmen Sie mit Liebe auf, […] und sie erzeigen uns so viel Böses" (S 72 / R 45.31–33). Büchner tilgt solche Passagen in einigen Fällen und kontrastiert sie, wo er sie beibehält, durch dazwischen eingefügte Schilderungen der selbstquälerischen Anfälle von Lenz. So findet in der Erzählung eine deutliche Rücknahme oder doch Relativierung der Bewertungen Oberlins zugunsten einer scheinbar nüchternen, dabei aber glühend intensiven erzählerischen Darstellung statt. Im Vordergrund steht nicht mehr der pastoral mitleidende und zugleich bewertende Oberlin, sondern der leidende Lenz.

Schauplätze

Die Erzählung beginnt mit Lenz' Gang „durchs Gebirg" nach dem elsässischen Waldbach (gemeint ist Waldersbach), wo er im Schulhaus untergebracht wird. Sie endet mit seiner unfreiwilligen Abfahrt nach Straßburg. Zwischendurch erscheint der Gast mit und ohne Oberlin in verschiedenen Weilern des Steintals. Er verbringt auch nach einem erneuten Gang ins „Gebirg" eine Nacht weiter entfernt (S 19.26–22.18 / R 17.6–19.29). Damit sind die äußeren Schauplätze der Erzählung umrissen.

Das „Gebirg": Die Vogesen

⇒ Büchners Kenntnis der elsässischen Landschaft ⇒ Eindrücke von Büchners Vogesenwanderung ⇒ Übertragung auf das nördlichere Steintal	Büchner und das Elsass

Die Schilderungen der winterlichen Gebirgslandschaften, durch die sich Lenz im Laufe der Erzählung bewegt, sind schon immer als literarische Glanzleistung bewundert worden. Dies liegt größtenteils daran, dass die Landschaft immer zugleich als Seelenlandschaft erkennbar wird; aber auch die Landschaftsbeschreibungen als solche lesen sich eindrucksvoll genug.

Büchner kannte die Vogesen aus eigener Anschauung. In einem Brief nach Mitte November 1835 an Karl Gutzkow schreibt er aus Straßburg: „Ich habe mich ganz hier in das Land hineingelebt; die Vogesen sind ein Gebirg, das ich liebe wie eine Mutter, ich kenne jede Bergspitze und jedes Thal [...]" (*Die Briefe*, 2011, S. 74).

Ob es allerdings mit der eingehenden Kenntnis so weit her war, wie hier behauptet, muss bezweifelt werden. Jedenfalls treffen die topografischen Einzelheiten, die Büchners Landschaftsdarstellung in *Lenz* zu entnehmen sind, auf das relativ enge Steintal kaum zu. Auch die emotionale Dramatisierung, die sich aus der Erzählperspektive vom Blickwinkel des erregten Lenz aus ergibt, reicht kaum aus, um diese Diskrepanz zu erklären. Es gibt – über die pauschale Behauptung allgemeiner Kenntnis im zitierten Brief hinaus – auch keinerlei An-

Büchners Kenntnis des Elsass und der Vogesen

haltspunkt dafür, dass Büchner das Steintal und Waldersbach je gesehen hat. Dafür aber halten sich seine Schilderungen offenbar an die Eindrücke einer gewaltigen, sturmzerklüfteten Gebirgslandschaft, die er im Juni und Juli 1833 auf einer etwa zehntägigen Wanderung durch die Südvogesen gewonnen hat. Diese Eindrücke beschreibt Büchner in einem Brief an die Familie vom 8. Juli 1833, in dem die visionäre Naturszenerie des *Lenz*-Textes schon anklingt:

Büchners
Beschreibung der
Südvogesen

„Bald im Thal, bald auf den Höhen zogen wir durch das liebliche Land. Am zweiten Tage gelangten wir auf einer über 3000 Fuß hohen Fläche zum sogenannten weißen und schwarzen See. Es sind zwei finstere Lachen in tiefer Schlucht, unter etwa 500 Fuß hohen Felsenwänden. Der weiße See liegt auf dem Gipfel der Höhe. Zu unseren Füßen lag still das dunkle Wasser. Ueber die nächsten Höhen hinaus sahen wir im Osten die Rheinebenen und den Schwarzwald, nach West und Nordwest das Lothringer Hochland; im Süden hingen düstere Wetterwolken, die Luft war still. Plötzlich trieb der Sturm das Gewölke die Rheinebene herauf, zu unserer Linken zuckten die Blitze, und unter dem zerrissenen Gewölk über dem dunklen Jura glänzten die A l p e n g l e t s c h e r in der Abendsonne. Der dritte Tag gewährte uns den nämlichen herrlichen Anblick; wir bestiegen nämlich den höchsten Punkt der Vogesen, den an 5000 Fuß hohen B ö l g e n. Man übersieht den Rhein von Basel bis Straßburg, die Fläche hinter Lothringen bis zu den Bergen der Champagne, den Anfang der ehemaligen franche Comté, den Jura und die Schweizergebirge vom Rigi bis zu den entferntesten Savoy'schen Alpen. Es war gegen Sonnenuntergang, die Alpen wie blasses Abendroth über der dunkel gewordenen Erde. Die Nacht brachten wir in einer geringen Entfernung vom Gipfel in einer Sennerhütte zu. Die Hirte haben hundert Kühe und bei neunzig Farren und Stiere auf der Höhe. Bei Sonnenaufgang war der Himmel etwas dunstig, die Sonne warf einen rothen Schein über die Landschaft. Ueber den Schwarzwald und den Jura schien das Gewölk wie ein schäumender Wasserfall zu stürzen, nur die Alpen standen hell darüber, wie eine blitzende Milchstraße. Denkt euch über der dunklen Kette des Jura und über dem Gewölk im Süden, soweit der Blick reicht, eine ungeheure, schimmernde Eiswand, nur noch oben durch die Zacken und Spitzen der einzelnen Berge unterbrochen. Vom Bölgen stiegen wir rechts herab in das sogenannte Amarinenthal, das letzte Hauptthal der Vogesen. Wir gingen thalaufwärts. Das Thal schließt sich mit einem schönen Wiesengrund im wilden

Gebirg. Ueber die Berge führte uns eine gut erhaltene Bergstraße nach Lothringen zu den Quellen der Mosel. Wir folgten eine Zeitlang dem Laufe des Wassers, wandten uns dann nördlich und kehrten über mehrere interessante Punkte nach Straßburg zurück." (*Die Briefe*, 2011, S. 15 f.)

Das Steintal: Le Ban de la Roche

→ Das Steintal als unwirtliche Landschaft → Wechselvolle geschichtliche Entwicklung → Waldersbach als kaum verändertes Zentrum	Das Steintal in Geschichte und Gegenwart

Der Ban de la Roche, die historische Landschaft also, in der Oberlin wirkte und Lenz sich vom 20. Januar bis zum 8. Februar 1778 aufhielt, ist heute noch wie im 18. Jahrhundert ein karger, abgelegener, verkehrsmäßig wenig erschlossener Ort. Die größte von Menschen errichtete Anlage in seinem Umkreis ist das Konzentrationslager Struthof/Natzweiler aus der Zeit des Nationalsozialismus. Wer als Fremder ins Steintal kommt, will entweder zu diesem Leidensort oder er geht den Spuren Oberlins nach: Einblicke in zwei sehr verschiedene, tief bewegende Welten weit abseits dessen, was die meisten Reisenden im Elsass suchen.

Die abgelegene Welt des Steintals

Die Abgelegenheit dieser Gegend ist klimatisch bedingt. Aus dem 18. Jahrhundert wird von siebenmonatigen Wintern berichtet und davon, wie an manchen Orten der Schnee so heftig fiel, dass man ihn in Tunneln untergrub und sich so Auswege ins Freie verschaffte. Von solchen harten Lebensbedingungen zeugen heute noch die Kirchen in den einzelnen Orten des Ban de la Roche: bescheidene Bauten mit dicken Mauern, kleinen Rundfenstern, einfacher Einrichtung und gusseisernen Öfen.

Klima

Benannt ist das Steintal nach dem Château de la Roche, dem Schloss der Herren „zum Stein", das im 12. Jahrhundert erstmals erwähnt und im 15. Jahrhundert zerstört wurde. Die Ruine ist nur als ein von Unkraut überwucherter Steinhaufen über Bellefosse und Waldersbach erhalten.

Name

Gelegen ist das Steintal am Fuß des 1100 Meter hohen Granitmassivs Champ du Feu im Tal der Bruche (Breusch). Historisch ist es ein Schmelztiegel verschiede-

Lage

61

ner Einwanderungen, etwa aus der Schweiz, wurde aber auch immer wieder von Auswanderung in Notzeiten betroffen. Im Dreißigjährigen Krieg wüteten die Pest und andere Seuchen und sorgten für einen Rückgang der Bevölkerung bis auf kaum mehr als 200 Einwohner.

In religiöser Hinsicht folgt das Steintal schon seit Ende des 16. Jahrhunderts evangelisch-lutherischen Traditionen. Acht Dörfer umfasste die alte Grafschaft, die alle am Nord- und Osthang des Hochfelds im oberen Tal der Bruche liegen: Waldersbach, Fouday, Rothau, Neuviller, Wildersbach, Solbach, Bellefosse und Belmont.

Historische Bebauung

Der Mittelpunktsort Waldersbach bietet heute noch das grundsätzliche Ensemble der Zeit Oberlins. Der Weg führt über Brücken, die unter seiner Anleitung angelegt wurden, und über enge Ortsstraßen zu der kleinen Kirche (vgl. die Abbildung gegenüber) mit dem gedrungenen Turm und dem Pfarrhaus. Gegenüber steht das – inzwischen veränderte – Schulhaus mit dem Brunnen davor. Hier hat Lenz zwanzig Tage lang gewohnt, aus einem der Fenster hat er sich gestürzt, hier hat er, wie in der Erzählung geschildert, seine skandalösen nächtlichen Bäder genommen. In der Kirche ist die hölzerne Kanzel zu sehen, von der herab Oberlin gepredigt und auch Lenz sich ein paar Mal an die Leute des Steintals gewandt hat. Wenige Dutzend Menschen finden in dem von kärglichen Fensteröffnungen und der dunklen Holzauskleidung mit den einfachen harten Bänken erzeugten Halbdunkel ihren Platz.

Oberlin-Museum

Das bis vor einiger Zeit in Funktion befindliche evangelische Pfarrhaus hinter der Kirche ist der Nachfolgebau des von Oberlin 1787 entworfenen Hauses, das wiederum den völlig heruntergekommenen, strohgedeckten und winddurchlässigen Bau seiner ersten Zeit in Waldersbach ersetzte. Hier steht auch seit längerer Zeit das Musée Oberlin, das Lebensdokumente und Zeugnisse der umfassenden Kulturarbeit Oberlins (sein pädagogisches Spielzeug und vieles andere) zeigt.

Evangelische Pfarrkirche in Waldersbach. Foto von Udo Müller 2014

Erzählform

Erzähltempo

Büchners *Lenz* ist ein Kunstwerk von großer Intensität, das ein Geschehen von hohem innerem Tempo auf geringem Raum zusammendrängt und dadurch ein außerordentlich dichtes Erzählkontinuum schafft. Mit dem „atemlosen Dahingleiten seiner Sätze, das nirgends zur Ruhe kommt und quälend immer weiter treibt" (Herrmann 1966, S. 266), gibt schon der Erzählbeginn das gehetzte, balladenhafte Erzähltempo vor, das die Erzählung im Ganzen charakterisiert.

Erzählen als Vergegenwärtigung

Unvermittelt setzt der Text ein, ohne jede erklärende Einleitung. Dass es sich um eine bezeugte Wanderung des Dichters Lenz am 20. Januar (1778) durch die Vogesen handelt, wird in diesem ersten Absatz erst nach und nach durch die Erwähnung des Ortsnamens und der „Dramen" (S 9.14 / R 7.11) eingestreut, streng genommen ist es sogar nur durch die Kenntnis des Berichts des (historischen) Pfarrers Oberlin oder von Lenz' Biografie zu erkennen. Die sparsamen Signale des ersten Satzes (ein „20." ohne Monatszuordnung, ein nicht näher identifizierter „Lenz", ein nicht weiter lokalisiertes „Gebirg") zielen gerade nicht auf „Chronik", also auf biografische oder geografische Fixierung, sondern auf erzählerische Vergegenwärtigung. Das zwingt den Leser von Anfang an, sich die Innensicht der Erzählfigur Lenz zu eigen zu machen und die Welt der Erzählung mit deren Augen zu sehen (vgl. S. 22 ff.). Mit großer Kunst wird dieser Blickwinkel im Lauf der gesamten Erzählung eingehalten, auch wenn formal der Erzähler spricht.

Damit nimmt Büchners einziges längeres Erzählwerk eine markante Stellung innerhalb der grundsätzlichen Möglichkeiten des Erzählens ein. Man hat später in der Literaturtheorie drei typische Erzählsituationen unterschieden. In der auktorialen Erzählsituation präsentiert ein souveräner, allgegenwärtiger und oft auch allwissender Erzähler ein Geschehen, das er bis in die geheimsten Gedanken und Gefühle der Figuren hinein überblickt. Bei der Ich-Erzählsituation ist der Erzähler mit einer der Personen (oft der Hauptfigur) identisch und berichtet in der 1. Person. Bei der personalen Erzählsituation wird aus dem Blickwinkel einer der Figuren (in der 3. Person) erzählt, so dass deren Bewusstsein, Gedanken und Gefühle im Vordergrund stehen.

Begriff der Erzählsituation

Die letztgenannte Erzählsituation, die eigentlich erst einige Jahrzehnte nach Büchners Tod zur beliebten Darstellungsform wurde, beherrscht das Erzählen in *Lenz* schon weithin. Büchner greift dabei mit erstaunlicher Sicherheit in das Repertoire der dafür typischen Gestaltungsmittel. Was man später, vor allem in den großen Romanen der Wende zum 20. Jahrhundert, „erlebte Rede" nennen wird, also das subtile und sehr wandlungsfähige Zusammenspiel zwischen formal gegebener Erzählerrede und emotionaler wie gedanklicher Färbung der Erzählfigur, ist in *Lenz* vorgeprägt. Büchner wählt dazu verschiedene sprachliche Mittel, die gezielt eingesetzt werden und suggestiv zusammenwirken:

Erzählung aus Lenzens Blickwinkel: Erlebte Rede

– Affektive Adverbien, etwa das häufige „so", führen zu einer gefühlsmäßigen Färbung der Aussagen, die das Erleben der Erzählfigur wiedergeben („Es war ihm alles so klein, so nahe, so naß", S 7.17 / R 5.17; „wie die Gegenstände nach und nach schattiger wurden, kam ihm Alles so traumartig, so zuwider vor", S 11.24–26 / R 9.18–20).
– Richtungsangaben erfassen die Vorgänge vom Standpunkt der Erzählfigur aus („und dann dampfte der Nebel herauf", S 7.7 / R 5.7).
– Wiederholungen sorgen für gefühlsmäßige Intensivierung („er war allein, ganz allein", S 8.25 / R 6.23 f.; „er versuchte Alles, aber kalt, kalt", S 11.35 / R 9.29).
– Elliptisch verkürzte Sätze geben im Telegrammstil die Wahrnehmungen der Erzählfigur und zugleich das innere Tempo ihres Erlebens wieder

Weitere sprachliche Mittel zur Vergegenwärtigung von Lenzens Blickwinkel

(„Alles so still, und die Bäume weithin mit schwankenden weißen Federn in der tiefblauen Luft", S 12.31 f. / R 10.23 f.; „Er aß wenig; halbe Nächte im Gebet und fieberhaften Träumen. Ein gewaltsames Drängen, und dann erschöpft zurückgeschlagen", S 22.23–25 / R 19.34–36).

Diesen äußerst expressiven Satzbau verwendet Büchner über weite Strecken der Erzählung. Meist handelt es sich um lange Reihungen von Hauptsätzen, die durch Komma oder Strichpunkt miteinander verbunden sind. Damit entsteht der Eindruck eines oft atemlosen Gedrängtseins, erlebt vom getriebenen Ich der Zentralfigur. Dem intensiven Sog und der Dynamik dieses eindringlichen Erzählstils vermag sich der Leser kaum zu entziehen. Seine Wirkung hat Roland Bogards im *Büchner-Handbuch*, Stuttgart 2009, S. 60, so beschrieben:

> „Als zentrales Stilmittel für die Darstellung der psychischen Zerrissenheit des Protagonisten dient das Zusammenspiel von Ellipse und Parataxe. Die Ellipse […] verweist auf die Lücken, die Leerstellen, die Brüche in Lenz' Empfinden. Die Bevorzugung der Parataxe (Tendenz zur Reihung von Hauptsätzen mit wenigen untergeordneten Nebensätzen) gegenüber einem hypotaktischen Stil (Schachtelung von Haupt- und Nebensätzen) macht deutlich, dass diese Bruchstücke zudem nur unverbunden nebeneinander gestellt, aber nicht mehr in eine hierarchisch-logische Verknüpfung gebracht werden können. Dies zeigt sich besonders in der direkten Rede des Protagonisten (die Dichte der elliptischen und parataktischen Fügungen entspricht unmittelbar dem Stand des Wahnsinns), es trifft aber auch für die Erzählung als Ganze zu, die auf diese Weise einmal mehr ihre Verwandtschaft mit Stilelementen der offenen Dramenform offenbart."

Vergleich mit Mörikes *Maler Nolten*

Die Modernität des Darstellungsstils, den Büchner hier entwickelt hat, wird schlaglichtartig deutlich, wenn man den Vergleich zieht zu einem anderen bedeutenden Erzählwerk, das 1832, also im zeitlichen Umkreis von Büchners *Lenz*, erschien: Eduard Mörikes *Maler Nolten*. Auch dort spielen mancherlei Traditionsstränge ineinander, und vor allem wird auch dort das Erleben seelischer Gefährdung durch die Einengung der Lebensmöglichkeiten gestaltet, wenngleich in sehr anderer

Weise. Inge Diersen (1988/89, S. 102) charakterisiert den epochalen Standort dieses Werks folgendermaßen:

> „Mörikes ‚Maler Nolten' ist ein Roman des ‚dunklen' Biedermeier, das sich – im Unterschied zur biedermeierlichen Idylle behüteter Häuslichkeit, wie sie sich auch in Teilen von Mörikes Lyrik findet – dem Bedrückenden stellt, ein Roman der Restaurationsperiode, die mit 1830 ja nicht einfach zu Ende war, sondern sich mit den Tendenzen des Jungen Deutschlands und des Vormärz überlagerte. [...] Wahnsinn und Todverfallenheit sind die Quittungen eines verfehlten Lebens."

Mörikes Roman ist in einem – gemessen an Büchner – altmodischen Erzählstil gehalten. Ein im Prinzip ‚allwissender', freilich auch manchmal in seinem Durchblick eingeschränkter Erzähler präsentiert die Geschehnisse. Diese konventionelle Darstellungsform ist aber durchsetzt mit „monologische[n] Partien von erstaunlicher Modernität" (ebd., S. 124), die ansatz- und stellenweise als „erlebte Rede" gestaltet sind, so etwa in der folgenden von Diersen angeführten Stelle:

Ansätze zur erlebten Rede bei Mörike

> „Wüthend rennt er eine Strecke fort bis in die Gegend der verhängnisvollen Stelle, wo er stehen bleibt, sich fragt, ob es Blendwerk, ob es Wirklichkeit gewesen, was hier vorgegangen?
> Unmöglich schien es, daß noch so eben Constanze hier zwischen diesen Felsen gestanden, daß er sie, sie selber in seinen Armen gehalten, ihren Busen an dem seinigen klopfen gehört. Wie kalt und theilnahmslos lag jetzt diese Finsternis um ihn her, wie so gar nichts schienen diese rohen Massen von jener holden Gegenwart zu wissen, deren Gottheit noch so eben rings die Nacht purpurisch glühen machte! Hier klang das Rufen der Geliebten, hier fiel der Tropfen aus dem schönen Auge!" (E. Mörike, *Werke und Briefe. Historisch-kritische Gesamtausgabe*, hrsg. von Hubert Arbogast [u. a.], Bd. 3, Stuttgart: Klett-Cotta 1967, S. 83)

Hier und an vielen anderen Stellen des Romans *Maler Nolten* zeigt sich jedoch im Vergleich mit *Lenz*, dass im Grunde das nicht fertiggestellte Werk das konsequent ausgeführte, das abgeschlossene Werk aber das erzählerisch brüchige ist. Zwar erreicht Mörike in zahlreichen Anläufen und mit störenden Inkonsequenzen (etwa den in *Maler Nolten* wenig motivierten Übergängen zwischen aktualisierendem Präsens und erzählendem Präteritum)

Brüche in *Maler Nolten* – Konsequenz in *Lenz*

stellenweise eine intensive Kundgabe des Inneren seiner Zentralfigur, gelangt also mitunter in die Nähe einer erzählerischen Darstellungsmöglichkeit, die bei Büchner sicher und fast durchgehend erreicht wird. Aber erst in der unvollendeten, 1877 postum erschienenen zweiten Fassung des Romans *Maler Nolten* finden sich trotz mancher Glättungen neue Passagen, die an Büchners Expressivität erinnern, so etwa, wenn es in einer apokalyptischen Traumbeschreibung, die der Schauspielers Larkens vom Himmel gibt, heißt:

> „Er [der Himmel] sah in der Höhe gegen Mitternacht wie rothbraunes Kupferblech aus, das sich vor übergroßer Hitze krümmt und eben zu reißen anfängt: die Lappen hingen sogleich nieder, und dahinter erglänzte ein übernatürliches, glühweißes, meinem Auge unerträgliches Licht." (Mörike, *Werke und Briefe*, Bd. 4, S. 340)

Bei diesem distanziert angelegten Traumbild handelt es sich jedoch um Rollenprosa einer exzentrischen Romanfigur, es ist nicht exemplarisch für den Erzählstil des Romans insgesamt.

Zu der Einheit des Erzählstroms bei Büchner tragen auch besonders bestimmte Motive bei, die in dichtem Geflecht die gesamte Erzählung durchziehen und wie Leitmotive immer wieder aufgenommen werden. Das „Wogen, Gleiten und Ziehen" etwa (Herrmann 1966, S. 265; vgl. S. 26), das weite Teile der Erzählung erfüllt, wird durch die häufig wiederkehrenden Wellenmotive suggeriert, die den Text in auffälliger Dichte grundieren:

Wiederkehrende Motive in Lenz (Marginalie)

Motiv der Welle (Marginalie)

> „Ein Sonnenblick lag manchmal über dem Thal, die laue Luft regte sich langsam, die Landschaft schwamm im Duft, fernes Geläute, es war als löste sich alles in eine harmonische Welle auf." (S 18.21 ff. / R 11.11 ff.)

> „Er wurde still, vielleicht fast träumend, es verschmolz ihm Alles in eine Linie, wie eine steigende und sinkende Welle, zwischen Himmel und Erde, es war ihm als läge er an einem unendlichen Meer, das leise auf- und abwogte" (S 20.17 ff. / R 17.32 ff.).

Das alles ist bezeichnenderweise rückgebunden an Lenz' eigene Wahrnehmung und mündet ein in die gewaltigen Wellenbilder des Schlusses (vgl. S. 23, 25).

Freilich ist dieser Stil nicht ganz einheitlich verwirklicht. Am eindrucksvollsten stellt er sich dar in den Naturbildern des Erzählbeginns mit ihrem gewaltigen Panorama widerstreitender Kräfte, ferner besonders im Schlussabsatz, wo wiederum ungeheure Landschaftsbilder erscheinen, nun aber ins Kalte, Kristalline, Gespenstische verkehrt.

In einer Untersuchung der vermutlichen Textentstehung (Dedner 1995), die von den erzähltechnischen Verwerfungen in Büchners *Lenz* ausgeht, findet sich eine Erklärung für die Besonderheit des Erzählstils. Dedner rekonstruiert verschiedene Stadien der Textentstehung (vgl. Rekonstruktion der Textgenese, s. u.) und nimmt an, dass Büchner in einer ersten Phase den ihm vorliegenden Bericht Oberlins redigiert, erweitert und erzähltechnisch bearbeitet hat (letzteres besonders durch die Umsetzung des Berichts in Lenz' Perspektive). Dann habe er einen anderen, mehr durch Distanz und raffenden Überblick gekennzeichneten erzählerischen Zugriff gewählt und schließlich unter Verwendung von Elementen beider Textfassungen seinen ‚eigentlichen' Erzählstil gefunden. Hinzu gekommen sei dann noch eine Einfügung (S 12.11–12.21 / R 10.4–14), die aber nur als Notiz zur späteren Ausführung zu werten sei.

Theorie zur Textentstehung ausgehend von verschiedenen Phasen

Entsprechend der Darstellung Dedners besteht der Text der Erzählung also aus den folgenden grundsätzlichen Teilen mit jeweils scharf umrissenen stilistischen Eigenarten:

1. Bearbeiteter Oberlin-Text
   (S 26.19–33.30 / R 23.5–30.23)

Erste Arbeitsphase

Ton und Stil einer Chronik bestimmen diesen Teil. Faktische und zeitliche Einordnungen, wie sie Oberlin in seinem Bericht vorgenommen hat, werden bewahrt. Büchner verhält sich zu seiner Quelle noch wenig selbstständig: Es herrschen lediglich Erweiterungen, Verkürzungen und maßvolle Änderungen vor bei grundsätzlicher Nähe bis teils zu voller Deckungsgleichheit. Die Umsetzung aus der Perspektive Oberlins in die der Zentralfigur Lenz ist aber durch die Tilgung der von Oberlin verwendeten 1. Person bereits verwirklicht.

2. „Berichtspassage" (S 30.9–33.2 / R 27.8–29.32)

Zweite Arbeitsphase

In diesem Teil, der in den bearbeiteten Oberlin-Text ein-

69

geschoben ist, herrscht ein überblickhaft distanzierter, raffender Stil, erkennbar an nicht chronologisch einordnenden, sondern zusammenfassend referierenden Zeitangaben wie „indessen", „oft", „manchmal". Die Bindung an Lenz' Perspektive ist gelockert durch das raffende Verfahren, das eine gewisse Entfernung eines registrierenden Erzählers vom Ich der Zentralfigur mit sich bringt. Büchner dürfte diese Darstellungsweise wohl auch deswegen zugunsten einer anderen, ‚endgültigen', aufgegeben haben.

Dritte Arbeitsphase

3. „Gültiger Erzähltext"
(S 7.1–25.33 / R 5.1–23.4 und S 33.31–34.22 / R 30.24–31.12)

Dieser Textteil, der Anfang und Schluss der Erzählung umfasst, weist die künstlerischen Qualitäten der Erzählung in voller Ausprägung auf und entspricht wohl der ‚endgültigen' stilistischen Form, die Büchner vorgeschwebt haben mag. Diese Form ist einerseits gekennzeichnet durch eine reiche symbolische, kosmische Mächte mit einbeziehende Ausgestaltung der Naturbilder und andererseits durch eine enge Bindung an Lenz' Perspektive. Beide Merkmale spiegeln einen neuen souveränen Umgang mit den Materialien der hauptsächlichen Quelle. Einzelheiten aus den beiden früheren Passagen werden an manchen Stellen wieder verwendet. Diese Redundanz könnte sich dadurch erklären, dass Büchner zumindest den zweiten, chronikalischen Teil als überwundene Vorstufe betrachtet haben mag.

Einwände gegen die Phasen-Theorie

Gewisse Einwände gegen diese konsequente Aufteilung des Werks in Stadien der Textentstehung drängen sich auf. Warum sollten beispielsweise die festgestellten Redundanzen nur durch ein „Ausschlachten" überwundener Werkteile zu erklären sein und nicht eher durch Büchners Technik des Andeutens, Wiederaufnehmens und Weiterführens bestimmter Motive (vgl. S. 68), die dem Werk gerade seine einheitliche Atmosphäre sichert? Und passt nicht die „Berichtspassage" an der Stelle, an der sie im Text steht (also nach Lenz' erschöpfenden Irrläufen und vor der letzten Zuspitzung, die der Abfahrt vorausgeht) als resümierende Zwischenbilanz sehr wohl in den Ablauf der Erzählung? Eine Konsequenz aus den – insgesamt doch wohl plausiblen – Annahmen Dedners ist, dass man nicht von einem trotz gewisser Lücken (vgl. etwa den Hinweis auf die Briefe, S 30.8 / R 27.7) im Wesentlichen von Büchner fertiggestellten und in der vorliegenden Form prinzipiell intendierten Erzählkunstwerk ausgehen kann. Vielmehr ist zu vermuten, dass die Erzählung aus Bruchstücken verschiedener Bearbeitungsstadien besteht, die erst in der nivellierenden Publikation durch Gutzkow zu einem „Werk" erklärt wurden.

An der Faszination, die von Büchners *Lenz* ausgeht, ändert aber auch dieser Sachverhalt nichts. Vielmehr gehören Risse und Brüche gerade zur menschlichen und künstlerischen Glaubwürdigkeit eines Texts, den ein Bedrängter über einen Bedrängten in bedrängter Situation entwarf.

Brüche in
Büchners Text

Gattungsproblematik

Lenz als …

Büchner hat sich als Autor zeitlebens im Niemandsland zwischen den etablierten Gattungen bewegt. Er hat auch die vorliegende Erzählung keiner literarischen Gattung zugeordnet. In einem Brief vom Oktober 1835

… Aufsatz

teilt er seiner Familie mit, er wolle einen „Aufsatz" über einen „unglücklichen Poeten Namens L e n z" erscheinen lassen (*Briefe*, S. 39), und verwendet damit einen vagen Oberbegriff, der zu dieser Zeit alles „Aufgesetzte" meinen kann.

… Novelle und Reliquie

Dass der Text lange Zeit ganz selbstverständlich als „Novelle" bezeichnet wurde und teils heute noch wird, geht auf den ersten Herausgeber Gutzkow zurück. Der wählte zwar als Untertitel des Erstdrucks die gattungstheoretisch unverbindliche Bezeichnung „Eine Reliquie von Georg Büchner", bekundete dann aber in der Vorbemerkung sein Bedauern, leider sei „die Novelle Fragment geblieben" (*Telegraph für Deutschland*, Januar 1839, Nr. 5, S. 34). Damit war das Klischee „Novellenfragment" eingeführt.

Problematische Einordnung als Novelle

Eine Zuordnung zum Gattungsbegriff „Novelle" ist aber ausgesprochen fragwürdig. Sie ist nicht mehr als eine Verlegenheitslösung für ein Werk, das – wie jeder literarische Text Büchners – sich nicht an vorgegebenen Gattungsmodellen orientiert, sondern seine eigene Form aus sich selbst hervorbringt.

Begriff der Novelle

Unter einer Novelle versteht man traditionell einen kürzeren Erzähltext von strengem, scharf profiliertem und pointiertem Aufbau, in allen Teilen funktional bezogen auf eine „unerhörte Begebenheit" (so Goethe in seiner berühmten Begriffsbestimmung am 29. 1. 1827 zu Eckermann) als Höhepunkt. Häufig ist sie strukturiert durch ein einheitsstiftendes Dingsymbol, das an bestimmten Wendepunkten hervortritt. Der Gattungsbegriff ist von romanischen Modellen (Boccaccio, Cervantes) abgeleitet, in Deutschland besonders in Werken von Goethe, Kleist,

Keller und Storm konkretisiert und von dem Schriftsteller und Philologen Paul Heyse (1830–1914) ausführlich theoretisiert worden.

Nun kennt die Novelle wie jeder Gattungsbegriff einen gewissen Spielraum für verschiedenartige Gestaltungsmöglichkeiten. Daher wird man auch in *Lenz* manches feststellen, was mit einer Einordnung als Novelle verträglich wäre, etwa das Ungewöhnliche im Verhalten der Zentralfigur oder das angespannte Erzähltempo. Aber was bei einer echten Novelle eine konsequente Erzählstrategie auf Höhepunkt und Lösung hin sein müsste, das ist in *Lenz* doch eher eine freie Polyphonie der Strukturelemente innerhalb einer „offenen", nicht streng tektonischen Form. Schon der Beginn setzt keinen klaren Anfangspunkt, sondern eröffnet ein schwebendes Erzählkontinuum und reißt den Leser in einen seelischen Innenraum hinein. Ein „Voraustext" wäre denkbar, er wird sogar durch die Aussparung der Monatsangabe fast suggeriert. In Lenz' innerer und äußerer Situation gibt es zwar eine unausweichliche Entwicklung, aber keinen eigentlichen Höhepunkt. Und der Schluss liefert gerade keine „Pointe", wie es etwa ein gelingender Selbstmord wäre. Das Werk endet vielmehr mit einem Verlöschen, das nicht etwa eine Schlussbilanz beinhaltet, sondern mit dem der Text unvermittelt abbricht und so ein weiteres Dahintreiben andeutet.

Einwände gegen die Gattungsbezeichnung Novelle

Eine Betrachtung als Novelle wird also den Aufbauprinzipien des *Lenz*-Textes nicht gerecht. Sie ist letzten Endes Zugeständnis an das Konventionsbedürfnis im Geiste derer, die – ausgehend von Oberlins Bericht – in früheren Ausgaben im ersten Satz die Monatsangabe „Jänner" einfügten oder den Text in zahlreiche übersichtliche Absätze einteilten und durch Normalisierung der scheinbar „unübersichtlichen", nur durch Komma getrennten Satzreihen alles taten, um Büchners Werk vertrauten Mustern anzugleichen. Man sollte sich daher, wenn Gattungszuordnung schon sein soll, mit der allgemeineren, weniger festlegenden Bezeichnung als „Erzählung" begnügen und sich im Übrigen die Empfänglichkeit bewahren für einen Text, dessen Reiz gerade in seiner von irgendwelchen Gattungsmodellen unverstellten Individualität liegt.

Rezeption

Büchners *Lenz*, zunächst das ziemlich abseitig erscheinende Produkt eines Außenseiters, hat eine über Jahrzehnte spärliche, dann aber immer breitere Beachtung gefunden. Neben den erst reservierten, dann von wachsendem Verständnis zeugenden Würdigungen durch Literaten und Literaturhistoriker stehen dabei die Einflüsse, die Büchners Erzählstil auf andere Schriftsteller ausgeübt hat. Es gibt aber auch Werke der produktiven Rezeption, in denen die Beschäftigung mit Büchner und seiner Erzählung *Lenz* ihrerseits künstlerische Form gewinnt.

Würdigungen

Wechselhafte Rezeption Büchners	
➡	Gutzkows Würdigung der „reproduktiven Phantasie"
➡	Vorwegnahme der „dokumentarischen Literatur"
➡	Ablehnung im späteren 19. Jahrhundert
➡	Neues Interesse durch Naturalismus und Expressionismus

Karl Gutzkow (1839)

Am Beginn des Rezeptionsprozesses, in dem sich die Erkenntnis der künstlerischen Kühnheit und des ästhetischen Rangs von Büchners *Lenz* durchsetzte, steht der Schriftsteller, der den Text zum Druck beförderte. Karl Gutzkow schreibt in seinem Nachwort zu Büchners „Reliquie" (*Telegraph für Deutschland*, Jan. 1839, Nr. 14, S. 110 f.; zit. nach: Georg Büchner, *Lenz*, neu hergestellt, kommentiert und mit zahlreichen Materialien versehen von Burghard Dedner, Frankfurt a. M.: Suhrkamp 2014, S. 93):

> „Welche Naturschilderungen; welche Seelenmalerei! Wie weiß der Dichter die feinsten Nervenzustände eines, im Poetischen wenigstens, ihm verwandten Gemüths zu belauschen! Da ist Alles mitempfunden, aller Seelenschmerz mitdurchrungen; wir müssen erstaunen über eine solche Anatomie der Lebens- und Gemüthsstörung. G. Büchner offenbart in dieser Reliquie eine *reproduktive Phantasie*, wie uns eine solche selbst bei Jean Paul nicht so rein, durchsichtig und wahr entgegentritt."

Instinktsicher und den Wahrnehmungsmöglichkeiten seiner Zeit weit voraus prägt Gutzkow hier bereits die Formel, die für Büchners Werk insgesamt kennzeichnend ist, das Wort von der „reproduktiven Phantasie". Büchners souveräner Zugriff auf Vorlagen und sein höchst originelles Verfahren, durch überraschende Kontextwirkungen und subtile Abänderungen die Vorlagen nicht einfach zu übernehmen, sondern sie einzuschmelzen, ihnen neue Bedeutungsnuancen abzugewinnen und damit eine neue Einheit des Dokumentarischen und des Eigenschöpferischen zu schaffen – all das liegt schon in der Logik der um 1835 sich herausbildenden realistischen Schreibweise. Die Suche nach dem Authentischen nimmt im 19. Jahrhundert denn auch vielfältige Formen an, von der Ausbreitung der Reiseliteratur und Aufwertung der Briefform bis zum historischen Roman und der kulturgeschichtlichen Novelle.

Einheit von Dokumentarischem und Kreativem

Büchners viel radikalerer Umgang mit seinen Vorlagen kann aber in seiner umfassenden und zukunftsträchtigen Bedeutung wohl erst von einer Zeit gewürdigt werden, die die Entwicklung zu Collage- und Montagetechniken und zur „dokumentarischen Literatur" hinter sich hat, die also etwa Werke wie Döblins *Berlin Alexanderplatz* und Kipphardts *In der Sache Robert J. Oppenheimer* mit den einmontierten Realitätsfragmenten in ihr literarisches Bewusstsein aufgenommen hat.

Noch um die Mitte des 19. Jahrhunderts stehen sich ablehnende und bewundernde Reaktionen auf *Lenz* schroff gegenüber, wobei die Vorbehalte deutlich überwiegen und meist grundsätzlicher Art sind. Apodiktisch urteilt im Jahr 1851 Julian Schmidt (*Die Grenzboten* 10, Bd. 1, S. 121):

Julian Schmidt (1851)

> „Ich halte den Versuch, den Wahnsinn darzustellen, wenn er etwas mehr sein soll, als das deutlich erkannte Resultat eines tragischen Schicksals, oder als eine vorübergehende Staffage, um die augenblickliche Stimmung auszudrücken, für den Einfall einer krankhaften Natur. Die Darstellung des Wahnsinns ist eine unkünstlerische Aufgabe, denn der Wahnsinn, als die Negativität des Geistes, folgt keinem geistigen Gesetz; die Willkür hat einen unermeßlichen Spielraum, und die hervorzurufenden Stimmungen contrastiren so gewaltsam mit einander, daß ein lebendiger Eindruck nicht möglich ist."

Bis in das beginnende 20. Jahrhundert hinein bleibt dieser ‚verstellte Blick' auf Rang und Qualität von Büchners Erzählung vorherrschend, so wie auch die literarische Leistung von J. M. R. Lenz kaum gesehen und mit der ganzen Traditionslinie kritischer Autoren übergangen wird. Die populäre Literaturgeschichte von Karl Heinemann (*Die deutsche Dichtung*, Leipzig: Kröner 1910) erwähnt noch in der Neuauflage von 1918 Büchner mit keinem Wort. Wo einzelne Literaturhistoriker doch ein wenig Interesse aufbringen, werden allenfalls Teilaspekte gewürdigt. So etwa bei Otto von Leixner, der bei der Besprechung der Dramen – abwertend gemeint, aber durchaus zutreffend – auf Büchners Verbindung mit Lenz hinweist (*Geschichte der Deutschen Literatur*, 5. Aufl. Leipzig 1899, Bd. 2, S. 862 f.):

Otto von Leixner (1899)

> „Die Art, einzelne Gestalten durch stark gesalzene Cynismen zu kennzeichnen, erinnert an Lenz und Genossen. […] Unmöglich erscheint ein unmittelbarer Einfluß um so weniger, als Büchner auch das Bruchstück einer Novelle ‚L e n z' hinterlassen hat, das ebensogut 1775 geschrieben sein könnte, so merkwürdig ist Ton und Stimmung getroffen."

Schon vor der Wende zum 20. Jahrhundert entstand mit dem Naturalismus, erst recht dann danach mit dem Expressionismus, der seine eigenen Gestaltungstendenzen bei Büchner vorgeprägt sah, eine neue Offenheit für Büchners besondere Stilwelt. Am gültigsten aber fasst Arnold Zweig das neue Bild von Büchners Leistung in seinem Essay „Versuch über Georg Büchner" aus dem Jahr 1921 zusammen:

Arnold Zweig (1921)

> „Nach den ersten Sätzen ist alles da: hier ist ein Dichter; er wird wahnsinnig: ‚Müdigkeit spürte er keine, nur war es ihm manchmal unangenehm, daß er nicht auf dem Kopf gehn konnte.' Mit diesem Satze beginnt die moderne europäische Prosa; kein Franzose und kein Russe legt moderner einen seelischen Sachverhalt offen hin." (A. Zweig, „Versuch über Georg Büchner", in: *Essays*, Bd. 1: *Literatur und Theater*, Berlin/Weimar: Aufbau Verlag 1959, S. 188)

Einflüsse

⇥ Naturalismus: Gerhart Hauptmann	⇥ Expressionismus: Georg Heym, Alfred Döblin	⇥ Wiener Moderne: Hugo von Hofmannsthal

Büchners Wirkung auf spätere Autoren

Der erste nachweisbare Einfluss, den Büchners *Lenz* auf das Werk eines Schriftstellers ausgeübt hat, ist in verschiedenen Erzählungen Gerhart Hauptmanns festzustellen. Hauptmann war auf das Werk Büchners um die Jahreswende 1886/87 gestoßen; die Thematik des „eingeschränkten Lebens" in *Lenz* und *Woyzeck* und die Erzählweise Büchners in *Lenz* beeindruckten ihn stark. So sind seine 1892 gemeinsam als „novellistische Studien" erschienenen Werke *Bahnwärter Thiel* und *Der Apostel* in gewisser Weise als „poetische Fallstudien und Darstellungen des progressiven Wahnsinns mit den Mitteln einer an Büchners *Lenz* geschulten Sprach-, Erzähl-, Beschreibungs- und Imaginationskunst" (Schaub 1987, S. 107) anzusehen. Gerade im *Bahnwärter Thiel* wendet Hauptmann die von Büchner herkommende, auf den Blickwinkel der Erzählfigur zentrierte, mit den Mitteln einer erregten Bildsprache dynamisierte Landschaftsdarstellung auf eine neue Thematik an: das Verhältnis des Menschen zur Technik. Der folgende Textauszug illustriert dies:

Gerhart Hauptmann, *Bahnwärter Thiel* (1892)

> „Der Wind hatte sich erhoben und trieb leise Wellen den Waldrand hinunter und in die Ferne hinein. Aus den Telegraphenstangen, die die Strecke begleiteten, tönten summende Akkorde. Auf den Drähten, die sich wie das Gewebe einer Riesenspinne von Stange zu Stange fortrankten, klebten in dichten Reihen Scharen zwitschernder Vögel. Ein Specht flog lachend über Thiels Kopf hinweg, ohne daß er eines Blickes gewürdigt wurde.
> Die Sonne, welche soeben unter dem Rande mächtiger Wolken herabhing, um in das schwarzgrüne Wipfelmeer zu versinken, goß Ströme von Purpur über den Forst. Die Säulenarkaden der Kiefernstämme jenseits des Dammes entzündeten sich gleichsam von innen heraus und glühten wie Eisen." (G. Hauptmann, *Sämtliche Werke*, Bd. 6, Frankfurt a. M. / Berlin: Propyläen 1963, S. 49)

Wesentlich plakativer gehen dann die Autoren des Expressionismus vor. Sie übernehmen von Büchner vor allem die Thematik des Wahnsinns. Deutlich in Büchners Bann steht beispielsweise Georg Heym in seiner Erzählung *Der Irre* (1913), in der er nicht nur die „erlebte Rede" anwendet, sondern auch zwei charakteristische Motive des *Lenz*-Textes variiert: die versuchte Erweckung Toter zum Leben und die Suche nach Erleichterung durch ein Bad im kalten Wasser.

Alfred Döblin, *Die Ermordung einer Butterblume* (1910)

Alfred Döblin zeigt in seiner frühen Erzählung *Die Ermordung einer Butterblume* (1910) in grotesker Zuspitzung den Irrlauf eines „schwarzgekleideten Herrn" gegen eine Butterblume, die er mit dem Namen „Ellen" belegt:

> „Nach kurzer Zeit war er wieder dabei, seine Schritte zu zählen, eins, zwei, drei. Fuß trat vor Fuß, die Arme schlenkerten an den Schultern. Plötzlich sah Herr Michael Fischer, während sein Blick leer über den Wegrand strich, wie eine untersetzte Gestalt, er selbst, von dem Rasen zurücktrat, auf die Blumen stürzte und einer Butterblume den Kopf glatt abschlug. Greifbar geschah vor ihm, was sich vorhin begeben hatte an dem dunklen Weg. Diese Blume dort glich den andern auf ein Haar. Diese eine lockte seinen Blick, seine Hand, seinen Stock. Sein Arm hob sich, das Stöckchen sauste, wupp, flog der Kopf ab. Der Kopf überstürzte sich in der Luft, verschwand im Gras. Wild schlug das Herz des Kaufmanns. Plump sank jetzt der gelöste Pflanzenkopf und wühlte sich in das Gras. Tiefer, immer tiefer, durch die Grasdecke hindurch, in den Boden hinein. Jetzt fing er an zu sausen, in das Erdinnere, daß keine Hände ihn mehr halten konnten." (A. Döblin, *Die Ermordung einer Butterblume und andere Erzählungen*, 4. Aufl. München: Deutscher Taschenbuch Verlag 2010, S. 6)

Die Herkunft aus der Stilwelt Büchners ist in dieser Textpassage offensichtlich. Motive wie die Spaltung des Ich („eine untersetzte Gestalt, er selbst"), elliptische Satzformen („Tiefer, immer tiefer …") sind nur einige der greifbarsten Anklänge. Nur – Döblins Text bleibt zugleich überall der Absicht des Bürgerspotts verhaftet, so dass der existenzielle Ernst Büchners hier nicht aufkommt.

Hugo von Hofmannsthal, *Andreas oder die Vereinigten* (1930)

Zeitgleich mit den expressionistischen Annäherungen an Büchner, aber auf dem Hintergrund ganz anderer literarischer Positionen hat auch Hugo von Hofmannsthal zwischen 1907 und 1913 an einem Roman gearbeitet, der die Spuren einer intensiven Rezeption der Thematik und Erzählweise Büchners trägt: *Andreas oder Die Vereinig-*

ten, als Fragment postum 1930 erschienen. Auch hier geht es, wie der Titel impliziert, um Spaltung und Gefährdung des Ich. Ausgearbeitet wird das in der Schilderung einer Bildungsreise des jungen Andreas von Ferschengelder nach Venedig. Die Reise ist nicht nur mit den für das literarische Bild Venedigs geläufigen Verwirrungen des Realen verbunden, sondern auch begleitet von der quälenden Erinnerung an die Gegenwelt des Hofs der Bauernfamilie Finazzer. Wie Büchners Lenz ist Andres von traumatischen Erlebnissen geprägt. Ein anschauliches Beispiel für Hofmannsthals Darstellungsweise ist die erzählerische Einbettung der erinnerten Szene mit einem Hündchen, das Andres als kleiner Junge getötet hat:

„Es war ein trüber stiller Nachmittag. Andres hätte was gegeben für einen einzigen Windstoß. Aus dem Nebel hatten sich große und kleine Wolken geballt, sie hingen da regungslos wie von Ewigkeit zu Ewigkeit. Andres ging wieder den Pfad hinauf gegen das Dorf. Hinunter zu gehen ekelte ihn, den Rückweg bergauf immer den Finazzerhof vor sich hätte er nicht vertragen. Auf der anderen Thalseite wußte er keinen Weg. Hätte er einen Gefährten gehabt, nur einen Bauernhund oder irgendein Tier. Das habe ich mir für alle Zeiten verwirkt, dachte er. […] Die Erinnerung war martervoll, trotzdem wandelte ihn Heimweh an nach dem zwölfjährigen Knaben Andres der das begangen hatte. Alles schien ihm gut was nicht hier war; alles lebenswert, außer der Gegenwart. Auf seltsamem Wege war über ihn Wollust herabgeströmt. Er sah unten einen Kapuziner die Straße hinwandern, an einem Kreuz kniete er nieder, wie wohl mußte dieser unbeschwerten Seele sein; er flüchtete mit seinen Gedanken in die Gestalt, bis sie ihn an einer Wendung der Straße entschwand. Dann war er wieder allein. Das Tal war ihm unerträglich. Er kletterte zum Wald empor. Zwischen den Stämmen war ihm wohler, feuchte Zweige schlugen ihm ins Gesicht, er sprang dahin, im tiefen Boden unter ihm knackten morsche Äste, er richtete seine Sprünge so ein, daß er sich jedesmal hinter einem starken Stamm verbarg, zwischen den Tannen waren schöne alte Laubbäume, Buchen und Ahorn, hinter jedem von diesen versteckte er sich, dann sprang er weiter: endlich war er sich selbst entsprungen wie einem Gefängnis, er stürmte in Sprüngen dahin, er wußte nichts von sich als den Augenblick […]". (H. von Hofmannsthal, *Sämtliche Werke*, Bd. 30, Frankfurt a. M.: Fischer 1982, S. 70 f.)

Hofmannsthals Erzählstil ist hier stark von dem des *Lenz*-Textes geprägt, besonders in der Darstellung der psychischen Zerrissenheit, den expressiven Landschaftsbildern, der Einfügung von „erlebter Rede", den vorwiegend parataktischen Satzstrukturen und der über weite Strecken absatzlosen Aneinanderreihung.

Produktive Rezeption

Büchner in Literatur, Film und Musik	
⇒	Prosatexte: Robert Walser, Peter Huchel, Paul Celan, Peter Schneider
⇒	Oper: Wolfgang Rihm
⇒	Film: George Moorse, Alexandre Rockwell, Egon Günther
⇒	Lyrik: Peter Huchel, Johannes Bobrowski, Bernd Wagner

Die Grenzen zwischen literarischem Einfluss und dem, was man heute produktive Rezeption nennt, also der Übernahme von Themen, Motiven, Darstellungsweisen einerseits und, andererseits, der Thematisierung, Fortführung oder Umsetzung eines Kunstprodukts in wiederum künstlerischer Form, sind fließend.

Moderne Prosa

So sind zahlreiche Texte, die sich in irgendeiner Form – zwischen Variation und Inanspruchnahme – auf Büchners *Lenz* beziehen, schwer einzuordnen. Dazu gehören etwa Robert Walsers Prosastück *Büchners Flucht* (1912), Peter Huchels Erinnerungstext *Georg Büchners Lenz* (1933), Paul Celans Geschichte *Gespräch im Gebirg* (1960) und Peter Schneiders Erzählung im Geist der Studentenbewegung *Lenz* (1973). Sehr locker und eigentlich nur durch die Verknüpfung von Dichtertum und Wahnsinn und die grundsätzliche Kritik an der Behandlung psychisch Kranker ist Heinar Kipphardts Roman *März* (1976) auf Büchners *Lenz* bezogen.

Büchner (wie übrigens auch J. M. R. Lenz) ist jedenfalls als Autor sperriger und zukunftsweisender Werke häufig zum Gegenstand produktiver Rezeption gemacht worden. Diese Entwicklung scheint sich weiter fortzusetzen. Markante Stationen erreicht die produktive Rezeption – abgesehen von den Filmen von Moorse (1970) und Rockwell (1981) – besonders in einem musikalischen Werk und einigen lyrischen Texten.

Wolfgang Rihms Kammeroper *Jakob Lenz* wurde 1974 mit großem Erfolg an der Hamburgischen Staatsoper uraufgeführt. Das Libretto (von Michael Fröhlich) beruht auf Büchners Erzählung, bezieht aber auch Texte des historischen Lenz mit ein. Die Erzählerrolle ist ausgespart. Die kammermusikalische Struktur mit sparsamer Instrumentation (3 Celli, 6 Bläser, Cembalo, Schlagzeug) hält sich an die Innensicht der Zentralfigur und folgt ihrer wahnhaften Logik. Die Oper wird so zur „Zustandsbeschreibung innerhalb eines Zerfallsprozesses" (Rihm). In die grundsätzlich atonale Komposition sind wirkungsvoll und mit charakterisierender Kraft traditionelle Formen als Zitat eingeschmolzen.

Wolfgang Rihm, Jakob Lenz (Kammeroper, 1974)

Ein Gedicht auf einen Dichter zu schreiben ist eine schwierige Aufgabe. Es gibt nur wenige solcher Gedichte, die ästhetischen Rang beanspruchen können. Zu groß ist die Gefahr, im Illustrativen stecken oder bei der Anspielung stehen zu bleiben, die dann vom Kenner lächelnd entziffert werden kann, ohne dass eine eigene lyrische Ausdrucksleistung entsteht. Dies gilt auch für Gedichte über Lenz, den der Literaturgeschichte ebenso wie den Büchners. Immerhin liegen einige interessante und niveauvolle Texte vor.

Besonderen Rang hat ein frühes Gedicht „Lenz" von Peter Huchel, das schon 1927 entstand, aber erst 1957 in der Zeitschrift *Sinn und Form* erstveröffentlicht wurde und schon durch sein Motto („*So lebte er hin …* Büchner") den Bezug auf Büchners fiktiven Lenz signalisiert. Das vierstrophige Gedicht, das Lenz als Sprachrohr der Armen und Entrechteten gegenüber den „Potentaten hoch zu Roß" (2. Strophe, Z. 16) darstellt, fasst die Essenz der Erzählung Büchners in eindrucksvolle und sprachlich intensive lyrische Bilder. Die letzte Strophe geht auf den Wiedererweckungsversuch in Fouday ein:

Peter Huchel, „Lenz" (1927)

> „Horch hinaus in Nacht und Wind!
> Wirre Schreie, hohle Stimmen.
> Feuer in den Felsen glimmen.
> In Fouday blickt starr das Kind.
> Bei des Kienspans trübem Blaken
> und berauntem Zauberkraut
> liegt es auf dem Totenlaken.
> Und du weißt es und dir graut.

Schmerz dröhnt auf und schwemmt vom Chore
brennend in dein Wesen ein.
Von der ödesten Empore,
dringend durch die dickste Mauer
– gellend alle Pfeifen schrein –
braust die Orgel deiner Trauer.
Räudig Schaf, es hilft kein Beten!
Unter Tränen wirds dir sauer,
doch du mußt die Bälge treten,
daß es in den Pfeifen gellt –
Lenz, dich friert an dieser Welt!
Und du weißt es und dir graut.
Gott hat dich zu arm bekleidet
mit der staubgebornen Haut.
Und der Mensch am Menschen leidet."

(P. Huchel, „Lenz", in: P. H., *Gesammelte Werke*,
hrsg. von Axel Vieregg, Bd. 1: *Die Gedichte*, Frankfurt a. M.:
Suhrkamp 1984, S. 162–165, hier: S. 164 f.)

Der Lyriker und Erzähler Johannes Bobrowski hat das
Gedicht Huchels, seines Mentors, gekannt und bewun-
dernd gegenüber dem Autor reagiert:

> „Bedanken möchte ich mich noch für Ihr Lenz-Gedicht im
> vorletzten Heft. Es ist ganz unbeschreiblich schön. Wir lieben
> es sehr zu Hause. Und lesen es oft. Und ich hab immer Ihre
> Stimme dabei im Ohr." (Brief vom 25. 3. 1958; in: Johannes
> Bobrowski / Peter Huchel: *Briefwechsel*, Marbach a. N.:
> Deutsche Schillergesellschaft 1993, S. 16)

Bobrowskis eigenes Lenz-Gedicht von 1963, wohl als
eine Art Pendant dazu gedacht, ist spröder, sprachlich
konzentrierter, „moderner". Es spielt nicht wie Huchel
im Motto auf den letzten Satz von Büchners Erzählung
an, sondern auf den berühmten Einleitungssatz, aber
auch auf Lenz' Tod, seinen *Hofmeister* und auf Goethes
verniedlichendes Lenz-Porträt im Elften Buch des Dritten Teils seiner Memoiren (vgl. S. 45). Das Gedicht erschien postum in einer noch vom Autor konzipierten
Gedichtsammlung:

J. M. R. Lenz

„Schnurrpfeifer,
da red her!"

Johannes
Bobrowski,
„J. M. R. Lenz"
(1963)

Das ist der niedliche Lenz.
Geht durchs Gebirg.
Liegt auf einer Straße
im zeitigen Frühjahr,
da verläuft sich das Wasser
in Moskau 1792,
da spitzt er nicht mehr
den Mund.

War einiges zu reden,
erinnere ich mich,
aber das ist geschehen,
denk ich, ich hör,
man hat es
gehört.

Daß die Hauslehrer
ein Pferd brauchen. Die Offiziers
auch irgend so etwas. Daß
der Winterhimmel herabfiel
im Monat Mai,
als jemand weggegangen
war, ich wußte nicht: wohin.

Aber nicht reden
jetzt.
Es dröhnt, zu den Augen herein.
Hinter Riga, der Stadt, ging der Himmel umher.
Über den Petriturm,
höher noch
sprangen die Wasser.

(J. Bobrowski, *Wetterzeichen.*
Gedichte Berlin: Wagenbach 1967, S. 51)

Das Gedicht, das sich auf einen frühen Leidenszeugen des Aufbegehrens gegen patriarchalische Autorität beruft, gewinnt seine innere Spannung daraus, dass es in der DDR der sechziger Jahre verfasst wurde, die sich literaturpolitisch dem Realismus des sozialistischen Fortschritts verschrieben hatte.

Der Blickwinkel, aus dem die Aktualität des Vergangenen erkennbar wird, ist der Büchners, dessen Einleitungssatz nicht umsonst im Gedicht anklingt. Und seiner bedient sich auch ein weiteres Büchner-Lenz-Gedicht, das fünfzehn Jahre später – ebenfalls in der bereits auf ihr Ende zusteuernden DDR – entstand und das noch knapper, schärfer und entschlossener die höchst aktuellen Widersprüche in der historischen Einkleidung aufzeigt. Es wurde von Bernd Wagner in dem Band *Zweite Erkenntnis. Gedichte und Sprüche*, Berlin/Weimar: Aufbau Verlag 1978, S. 42, veröffentlicht:

Bernd Wagner, „Büchner" (1978)

Büchner

Geht durchs Gebirg.
Der Kopf streift den Himmel.
Und die Notwendigkeit etwas zu tun.
Und die Unmöglichkeit etwas zu tun.
Und die Unmöglichkeit nichts zu tun.

Was verbindet die Gedichttexte Huchels, Bobrowskis und Wagners? Sie zeigen, jeweils bezogen auf ihre Entstehungszeit, das besondere literarische Wirkungspotenzial Büchners, das eine Stimme der Forschung (Diersen 1988/89, S. 125) beschreibt als das

> „einer literarischen Produktion, so schwergewichtig und kantig und spröde, daß sie den folgenden Jahrzehnten bürgerlicher Selbstsicherheit, Jahrzehnten, die literarisch im Zeichen eines eingeschränkten Realismus stehen, wie ein Stein im Magen liegt und erst unter gründlich veränderten Bedingungen bewundert und genutzt werden kann. Und da ist sie Sprengstoff und Ärgernis und Hoffnung bis zum heutigen Tag."

Literaturhinweise und Medien

Textausgaben

Bobrowski, Johannes: Wetterzeichen. Gedichte. Berlin: Wagenbach 1967.

Büchner, Georg: Sämtliche Werke und Briefe. Historisch-kritische Ausgabe mit Kommentar. 2 Bde. Hrsg. von Werner R. Lehmann. Hamburg: Wegner 1967 / München: Hanser 1971. [*Lenz:* Bd. 1, S. 77–101.]

Büchner, Georg: Werke und Briefe. Münchner Ausgabe. Hrsg. von Karl Pörnbacher [u.a.]. München/Wien: Hanser / Deutscher Taschenbuch Verlag 1988.

Büchner, Georg: Sämtliche Werke, Briefe und Dokumente in zwei Bänden. Bd. 1: Dichtungen. Hrsg. von Henri Poschmann unter Mitarbeit von Rosemarie Poschmann. Frankfurt a. M.: Deutscher Klassiker Verlag 1992. [*Lenz:* S. 223–250.] Wiederabgedr.: Deutscher Klassiker Verlag im Taschenbuch Bd. 13. 2006.

Büchner, Georg: Lenz. Studienausgabe. Hrsg. von Hubert Gersch. Stuttgart: Reclam 1998. (Reclams Universal-Bibliothek 8210.) [Zit. als: R.]

Büchner, Georg: Sämtliche Werke und Schriften. Historisch-kritische Ausgabe mit Quellendokumentation und Kommentar. Marburger Ausgabe. 10 Bde. Hrsg. von Burghard Dedner und Thomas Michael Mayer. Bd. 5: Lenz. Darmstadt: Wissenschaftliche Buchgesellschaft 2000–2012.

Büchner, Georg: Die Briefe. Hrsg. von Ariane Martin. Stuttgart: Reclam 2011. (Reclams Universal-Bibliothek 18835.)

Büchner, Georg, Sämtliche Werke und Briefe. Hrsg. von Ariane Martin. Stuttgart: Reclam 2012. [*Lenz:* S. 153–181.]

Büchner, Georg: Lenz. Neu hergestellt, kommentiert und mit zahlreichen Materialien versehen von Burghard Dedner. 9. Aufl. Frankfurt a. M.: Suhrkamp 2014. (Suhrkamp BasisBibliothek 4.) [Zit. als: S.]

Döblin, Alfred: Die Ermordung einer Butterblume und andere Erzählungen. 4. Aufl. München: Deutscher Taschenbuch Verlag 2010.

Goethe, Johann Wolfgang: Die Leiden des jungen Werthers. Paralleldruck der beiden Fassungen. Hrsg. von Matthias Luserke. Stuttgart: Reclam 1999. (Reclams Universal-Bibliothek 9762.)

Goethe, Johann Wolfgang: Dichtung und Wahrheit. Hrsg. von Walter Hettche. Stuttgart: Reclam 1998. (Reihe Reclam 10852.)

Hauptmann, Gerhart: Sämtliche Werke. Bd. 6. Frankfurt a. M. / Berlin: Propyläen 1963.

Hofmannsthal, Hugo von: Sämtliche Werke. Bd. 30. Frankfurt a. M.: Fischer 1982.

Huchel, Peter: Gesammelte Werke. Hrsg. von Axel Vieregg. Bd. 1: Die Gedichte. Frankfurt a. M.: Suhrkamp 1984.

Lenz, Jakob Michael Reinhold: Werke und Schriften. Hrsg. von Britta Titel und Hellmut Haug. 2 Bde. Stuttgart: Goverts 1966/67.

Mörike, Eduard: Werke und Briefe. Historisch-kritische Gesamtausgabe. Hrsg. von Hubert Arbogast [u. a.]. Bd. 3. Stuttgart: Klett-Cotta 1967.

Oberlin, Johann Friedrich: Der Dichter Lenz, im Steinthale. In: Georg Büchner. Lenz. Neu hergestellt, kommentiert und mit zahlreichen Materialien versehen von Burghard Dedner. 9. Aufl. Frankfurt a. M.: Suhrkamp 2014. S. 63–76.

Schnitzler, Arthur: Flucht in die Finsternis. Stuttgart: Reclam 2006. (Reclams Universal-Bibliothek 18459.)

Wagner, Bernd: Zweite Erkenntnis. Gedichte und Sprüche. Berlin/Weimar: Aufbau Verlag 1978.

Zweig, Arnold: Versuch über Georg Büchner. (1921.) In: A. Z.: Essays. Bd. 1: Literatur und Theater. Berlin/Weimar: Aufbau Verlag 1959. S. 185–189.

Materialien

Büchner-Handbuch. Leben – Werk – Wirkung. Hrsg. von Roland Bogards und Harald Neumeyer. Stuttgart: Metzler 2009.

Georg Büchner. Revolutionär mit Feder und Skalpell. Hrsg. von Ralf Beil und Burghard Dedner. Katalog der Ausstellung Darmstadt/Zürich 2013/14. Ostfildern: Hatje Cantz 2013.

Leypold, Denis / Hisler, Solange / Moll, Pierre / Berhaud, Eva: Jean-Frédéric Oberlin au Ban de la Roche. Association du Musée Oberlin 1991.

Neuhuber, Christian: Lenz-Bilder. Bildlichkeit in Büchners Erzählung und ihre Rezeption in der bildenden Kunst. Wien/Köln/Weimar: Böhlau 2009.

Schaub, Gerhard (Hrsg.): Erläuterungen und Dokumente: Georg Büchner, Lenz. Stuttgart: Reclam 1987. (Reclams Universal-Bibliothek 8180.)

Sekundärliteratur

Anz, Heinrich: „Leiden sey all mein Gewinnst". Zur Aufnahme und Kritik christlicher Leidenstheologie bei Georg Büchner. In: Georg Büchner Jahrbuch 1 (1981) S. 160–168.

Damm, Sigrid: Georg Büchner und Jakob Lenz. In: Georg Büchner 1813–1837. Revolutionär – Dichter – Wissenschaftler. Katalog der Ausstellung Mathildenhöhe Darmstadt. Basel / Frankfurt a. M.: Stroemfeld / Roter Stern 1987. S. 258–261.

Dedner, Burghard (Hrsg.): Der widerständige Klassiker. Einleitungen zu Büchner vom Nachmärz bis zur Weimarer Republik. Frankfurt a. M.: Athenäum 1990.

Dedner, Burghard: Büchners *Lenz*: Rekonstruktion der Textgenese. In: Georg Büchner Jahrbuch 8 (1990/94) S. 3–68.

Diersen, Inge: Büchners *Lenz* im Kontext der Entwicklung von Erzählprosa im 19. Jahrhundert. In: Georg Büchner Jahrbuch 7 (1988/89) S. 91–125.

Hasubek, Peter: „Ruhe" und „Bewegung". Versuch einer Stilanalyse von Georg Büchners *Lenz*. In: Germanisch-Romanische Monatsschrift 50 (1969) S. 33–59.

Hauschild, Jan-Christoph: Georg Büchner. Biographie. Stuttgart/Weimar: J. B. Metzler 1993. [Zu *Lenz*: S. 498–518.]

Herrmann, Hans Peter: „Den 20. Jänner ging Lenz durchs Gebirg". Zur Textgestaltung von Georg Büchners nachgelassener Erzählung. In: Zeitschrift für deutsche Philologie 85 (1966) S. 251–267.

Hinderer, Walter: Pathos oder Passion: Die Leiddarstellung in Büchners *Lenz*. In: Wissen aus Erfahrungen. Werkbegriff und Interpretation heute. Festschrift für Herman Meyer zum 65. Geburtstag. Hrsg. von A. von Bormann. Tübingen: Niemeyer 1976. S. 474–494.

Hörisch, Jochen: Pathos und Pathologie. Der Körper und die Zeichen in Büchners *Lenz*. In: Damm 1987. S. 267–275.

Irle, Gerhard: Büchners *Lenz*. Eine frühe Schizophreniestudie. In: G.I.: Der psychiatrische Roman. Stuttgart: Hippokrates-Verlag 1965, 1994. S. 73–83.

Kaufmann, Ulrich: Dichter in „stehender Zeit". Studien zur Georg-Büchner-Rezeption in der DDR. Erlangen: Palm & Enke / Jena: Universitätsverlag 1992.

Kließ, Werner: Sturm und Drang. 2. Aufl. Velber: Friedrich 1970.

Kubik, Sabine: Krankheit und Medizin im literarischen Werk Georg Büchners. Stuttgart: J. B. Metzler / C. E. Poeschel 1991.

Kühnlenz, Axel: „Wie den Leuten die Natur so nahtrat …". Ludwig Tiecks „Der Runenberg" als Quelle für Büchners *Lenz*. In: Georg Büchner Jahrbuch 7 (1988/89) S. 297–310.

Mayer, Hans: Georg Büchner und seine Zeit. Frankfurt a. M.: Suhrkamp 1972. [Zu *Lenz* besonders S. 270–306.]

Oberlin, Gerhard: Der Wahnsinn der Vernunft. Georg Büchners *Lenz*. Die Krise des Subjekts in der Moderne. Ein literaturwissenschaftlicher Essay. Würzburg: Königshausen & Neumann 2014.

Pilger, Andreas: Die „idealistische Periode" in ihren Konsequenzen. Georg Büchners kritische Darstellung des Idealismus in der Erzählung *Lenz*. In: Georg Büchner Jahrbuch 8 (1990/94) S. 104–125.

Pütz, Heinz-Peter: Büchners *Lenz* und seine Quellen. Bericht und Erzählung. In: Zeitschrift für deutsche Philologie 84 (1965) S. 1–22.

Rölleke, Heinz: „Leiden sei all mein Gewinst." Zur Vor- und Wirkungsgeschichte eines Büchner-Zitats. In: Euphorion 89 (1995) S. 331–334.

Schmidt, Harald: Melancholie und Landschaft. Die psychotische und ästhetische Struktur der Naturschilderungen in Georg Büchners *Lenz*. Opladen: Westdeutscher Verlag GmbH 1994.

Schmidt, Jochen: Die Geschichte des Genie-Gedankens in der deutschen Literatur, Philosophie und Politik 1750–1945. 2 Bde. Darmstadt: Wissenschaftliche Buchgesellschaft 1985. [Zu *Lenz*: Bd. 2. S. 48–52.]

Winter, Hans-Gerd: J. M. R. Lenz. Stuttgart: Metzler 1987. [Zu Büchners *Lenz*: S. 118–125.]

Filme

Lenz. BRD 1970 (Regie/Drehbuch: George Moorse. Kamera: Gerard Vandenberg. Lenz: Michael König; Oberlin: Louis Waldon).

Lenz. USA 1981 (Regie/Kamera: Alexandre Rockwell. Drehbuch: Alexandre Rockwell / Cody Maher. Lenz: Alexandre Rockwell; Oberlin: Cody Maher).

Lenz. Ein Film von Egon Günther (Buch und Regie: Egon Günther. Lenz: Jörg Schüttauf). 89 Minuten. Saarländischer Rundfunk und Ostdeutscher Rundfunk Brandenburg 1992.

Fernsehdokumentationen

Im Steintal. Auf den Spuren von Oberlin, Lenz und Büchner. Mit Anmerkungen über Goethe, Gott und die Germanisten. Ein Film von Jürgen Lodemann. SWF Baden-Baden 1982.

Büchner-Protokoll. Auf den Spuren Georg Büchners. Buch und Regie: Dag Freyer. 3sat 2013.

Hörbücher

Lenz von Georg Büchner. Sprecher: Raimund Groß. Preiser Records o. J.

Georg Büchner: Lenz (1839). Gesprochen von: Manfred Jussen. Joan Records Entertainment / Brilliant 2004.

Georg Büchner: Lenz. Eine Novelle. Sprecher: Sven Görtz. ZYX Music 2007.

Hörspiele

Gert Hofmann: Die Rückkehr des verlorenen Jakob Michael Reinhold Lenz nach Riga. Erstsendung: Westdeutscher Rundfunk 8. 10. 1978. – Textausgabe: Literaturmagazin 13. Reinbek: Rowohlt 1980. S. 153–180.

Büchners Lenz. Ein Hörspiel von Jürg Amann (Regie: Günter Bommert. Lenz: Siemen Rühaak). Erstsendung: Südwestfunk / Süddeutscher Rundfunk 8. 12. 1983.

Prüfungsaufgaben und Lösungen

1 Gefährdete Wege

2 Menschen in der Natur

3 Leiden und Trost

4 Entfernung und Rückkehr

5 Die Erzählung und ihre Vorlage

Die Beispiele sind wie folgt aufgebaut:
- Thema / Textstelle / ggf. Vergleichstext
- Aufgabenstellung
- Mögliche Lösung, auf die jeweilige(n) Textstelle(n) bezogen
- Integration in ein Gesamtverständnis, auf das ganze Werk bezogen

Diesem Aufbau liegen die folgenden Leitgedanken zugrunde:
- Interpretieren bedeutet, Aspekte des Gehalts (Thematik, Konflikte, Motive, Figuren) und der Form (Aufbau, Sprache, gattungsspezifische Gestaltungsweisen des Erzählens wie z.B. Erzählperspektive, Redewiedergabe usw.) funktional miteinander verbunden und nicht nur additiv aneinandergereiht darzustellen, wobei sinnvolle Schwerpunkte zu setzen sind.
- Wo die Darstellung einer Situation oder die Einordnung einer Textstelle verlangt wird (Beispiel: Aufgabe 3), kann die Lösung nicht in einer Inhaltsangabe des Geschehens bis zur betreffenden Szene bestehen, sondern es wird – entsprechend dem Wortlaut der Aufgabenstellung – erwartet, dass die situativen Voraussetzungen (Stand der Handlung, daraus resultierende Absichten, Erfahrungen und Erwartungen der Figuren usw.) aufgezeigt werden, die für das Verständnis der Textstelle wesentlich sind.
- Die erarbeiteten Ergebnisse sollen in der Regel in ein Gesamtverständnis des Werks (unter einem in der Textstelle dominanten Aspekt) oder eines übergreifenden Problemkomplexes integriert werden, um Einzelergebnisse in größere Zusammenhänge einzufügen.

Prüfungsaufgaben zu Büchners *Lenz* zu stellen ist schwierig. Das liegt an der Kürze des Texts und am markanten Hervortreten weniger zentraler Episoden. Dieses Problem lässt sich vor allem durch Vergleiche mit Texten lösen, da sich in der Konfrontation mit Werken ähnlicher Thematik die Besonderheiten von Büchners Werk besonders plastisch zeigen. Daher beziehen sich mehrere der vorgeschlagenen Aufgaben auf solche Vergleiche.

1 Gefährdete Wege

Textstellen

Georg Büchner, *Lenz* S 7.1–8.34 / R 5.1–6.32, und Arthur Schnitzler (1862–1931), *Flucht in die Finsternis*, Kap. 2, Beginn (Stuttgart: Reclam 2006, S. 9–11):

„Als der Zug den Bahnhof verließ, verweilte Robert am Fenster seines Abteils und nahm ohne Rührung von der gegenüber im blaßrötlichen Grau verdämmernden Insel und vom Meere Abschied, auf dessen fernsten Wellen ein violetter Nachglanz der versunkenen Sonne schwamm. Zwischen ärmlichen Weinbergen keuchte der Zug langsam aufwärts, dem Karstland entgegen, und fuhr bald durch einen langen Tunnel in die abendliche Felsenlandschaft ein, deren Horizont nur die Ahnung, aber nicht mehr das Bild der See in sich faßte. Nun erst streckte sich Robert, den das Umherwandern in den unebenen und schlecht gepflasterten Straßen der alten Hafenstadt ermüdet hatte, auf sein Lager hin und suchte im Herzen nach dem frohen Vorgefühl, das ihn noch heute morgen während seines Spazierganges bewegt und beinahe beglückt hatte. Aber was er fand, war nicht Freude mehr, sondern eine sonderbare Bangigkeit, als fahre er einer bedeutungsvollen, ernsten Entscheidung entgegen. Kündigte die Nähe der Heimat in so unerwünschter Weise sich an? Sollte es ihm bestimmt sein, ebenso bedrückt, wie er fortgereist war, wieder heimzukehren, und brach nun nach manchen guten und freien Stimmungen der letzten Monate jenes Unbegreifliche, kaum in Gedanken, nimmer in Worte zu Fassende über ihn herein, das dunkel drohend noch Schlimmeres anzumelden schien?

Hatten die Ärzte sich geirrt oder ihn mit Absicht getäuscht, die von einer sechsmonatigen zerstreuenden Reise vollkommene Genesung für ihn zu erwarten behaupteten? Doktor Leinbach, sein Freund aus Jugendtagen, war freilich immer geneigt, Beschwerden, die man ihm klagte, leicht zu nehmen, und es konnte kaum als sehr beruhigend gelten, daß er alle irgendeinmal schon am eigenen Leib verspürt haben wollte. Aber daß auch Otto, wenn er ihn für ernstlich krank gehalten, die Verantwortung auf sich genommen hätte, den einzigen Bruder für ein halbes Jahr, ohne jede Begleitung, in die Welt hinaus-

zuschicken, das war in keinem Fall anzunehmen. Zugleich aber mußte Robert sich fragen, und nicht zum erstenmal, ob er sich dem Bruder auch ohne Rückhalt aufgeschlossen und nicht vielmehr in sonderbarer Scheu noch in der letzten Unterredung ihm gegenüber seinen Zustand als harmloser dargestellt, als er selbst ihn empfunden hatte, in der unbewußten Hoffnung, auf diese Art ein gelinderes Urteil zu erfahren? Urteil: dies war das Wort, das sich ihm innerlich aufdrängte; und es war das richtige. Denn von Jugend auf hatte er sich dem älteren Bruder gegenüber bei äußerlich glänzenderen Eigenschaften als einen Menschen von geringerem Wert erkannt, und er verhehlte sich nicht, daß sein eigener bürgerlicher Wandel von Otto zwar mit Nachsicht, oft aber mit Ungeduld und Unmut betrachtet wurde. Und Robert begriff das sehr gut. Ottos pflichtenschweres Dasein, der Ernst seines Berufes, bei dessen Übung es um so wesentliche Dinge wie um Leben und Gesundheit ging, sein sicheres und zugleich opfervolles Ruhen in der Familie, all das stellte sich für Robert in so hehrem Lichte dar, daß ihm dagegen seine eigene Existenz, wenn sie auch in den

Rahmen eines Amts gespannt war, oft genug wie ohne rechte Würde und ohne tieferen Sinn erschien.

Von seinem Bruder als ein Genesener, ja als ein Gebesserter vielleicht, mit Herzlichkeit begrüßt zu werden, dünkte ihn das Beste, was die Heimat zum Empfang ihm bieten konnte. Und daß die freudige Erwartung eines guten Wiedersehens sich allmählich in eine immer unruhevollere Bangigkeit gewandelt hatte, das mußte verborgene Ursachen haben, denen Robert zögernd, aber widerstandslos nachgrübelte."

Aufgabenstellung

Wie Büchners Erzählfragment *Lenz* thematisiert auch Arthur Schnitzlers Novelle *Flucht in die Finsternis* (1913) eine psychische Erkrankung. Interpretieren Sie den Beginn von *Lenz* und vergleichen Sie, wie beide Autoren das Auftreten wahnhafter Vorstellungen ihrer Zentralfiguren gestalten.

Mögliche Lösung

Zur Interpretation des Beginns von Büchners Erzählung:

Situation: Der Verlauf von der Gebirgswanderung bis zur Ankunft in Waldbach wird in einem einzigen Absatz erzählt. Analog zu den zuerst statischen, dann in steigendem Maß dynamischen Naturerscheinungen sind die Aussagen über das erlebende Ich, das zuerst als „gleichgültig", dann als vergeblich suchend und „keuchend" aufgewühlt, schließlich wieder als „ruhig", dabei aber „entsetzlich einsam" und durch „namenlose Angst" geplagt erscheint.

Erzählperspektive: Der Textanfang hält sich an den Blickwinkel des erlebenden Wanderers und zeichnet die Verzerrungen nach, die dessen teils schon wahnhaftes Erleben prägen. Der Wechsel der Natureindrücke entspricht den wechselnden Stimmungen. In der Erregung verwirren sich dem Wanderer die Größendimensionen („die Erde … wurde klein wie ein wandelnder Stern"); seine Versuche, eine Einheit mit der Natur zu finden („er wühlte sich in das All hinein"), scheitern.

Sprache: Geben der elliptische zweite Satz und die parataktisch gereihte Syntax des Beginns noch einzelne assoziative Eindrücke des Wanderers wieder, so spiegeln die späteren komplizierten Satzgefüge sein Bemühen, die einzelnen Eindrücke einzuordnen. Ausdrucksvolle Bilder („wenn das Gestein so wegsprang") und Vergleiche („wie wilde wiehernde Rosse"), vor allem auch die häufigen Richtungspartikeln („heransprengten", „heraufsummte" usw.) fügen die Naturbilder zusammen zu einem bewegten Panorama kosmischer Gewalten, hinter dem die seelischen Erschütterungen des erlebenden Ichs spürbar werden.

Zum Vergleich der beiden Texte:

In Büchners Text ist der ständige Wechsel der Stimmungen der Zentralfigur, der in Sprüngen verläuft und von diffusem Unbehagen bis zu Verzerrungen der Wahrnehmung und Verlust der Orientierung, vorübergehender Beruhigung und anfallartiger Panik führt, durchgehendes Symptom seelischer Gefährdung und Verstörung.

Die Anfälle selbst, in denen sich Lenzens psychische Erkrankung offenbart, wirken besonders bestürzend, weil sie zuerst fast beiläufig und im Ton des „Normalen" geschildert werden wie etwa die Vorstellung des Auf-dem-Kopf-Gehens. Die Wahnvorstellungen des Hineinwühlens ins All und des Verlorenseins im Nichts („er war im Leeren") werden dann wie tatsächliche Zustände präsentiert.

Die Dramatik des krankhaften seelischen Erlebens tritt so vor allem in den gewaltigen Naturbildern hervor, die sich von winterlicher Unwirtlichkeit bis zu chaotischer Bedrohlichkeit steigern und in ihrer Entsprechung zur aufgewühlten Gemütslage der Zentralfigur, vor allem auch in ihrer unrealistischen Verzerrung als „Seelenlandschaften" erkennbar sind.

Schnitzlers Text spielt gleichfalls in einer Naturszenerie. Sie ist von geheimnisvoller Unklarheit erfüllt; dazu tragen der „Nachglanz der versunkenen Sonne", der Weg ins unwirtliche „Karstland", der „Tunnel" und die „Felsenlandschaft" bei. Jedoch ist das nur eine Art Vorspiel zu dem im weiteren Verlauf rein seelischen Geschehen, nicht wie bei Büchner dessen durchgehende Spiegelung.

Wie in *Lenz* ist die Erzählperspektive die der Zentralfigur. Die fortschreitende Aushöhlung aller Sicherheiten spielt sich hier aber nicht als Verlust der äußeren Weltorientierung, sondern ausschließlich in den selbstquälerischen Erwägungen im Bewusstsein des Ichs ab: Der befreundete Arzt und der sehr nahe stehende Bruder werden hinsichtlich ihrer Vertrauenswürdigkeit allmählich in Frage gestellt – und das vor dem Hintergrund eigener Minderwertigkeitsgefühle, die vor allem im Vergleich mit dem menschlich und beruflich überlegenen Bruder deutlich werden. Das Wort „Urteil", fast beiläufig eingeführt, dann aber ernsthaft aufgegriffen, deutet an, wie sehr sich Robert bereits in die Rolle dessen versetzt sieht, über den gerichtet werden wird.

Das wichtigste sprachliche Mittel innerhalb der hier dominierenden „erlebten Rede", das die Untergrabung und Verkehrung der zunächst positiven Gefühle ausdrückt, sind die bohrenden Fragen, die sich mehr und mehr häufen. Bezeichnend sind daneben auch die Modalverben, in denen die tastenden Vermutungen und Befürchtungen Roberts zum Ausdruck kommen („es konnte kaum als sehr beruhigend gelten" – „das mußte verborgene Ursachen haben"). Wie in *Lenz* sind auch hier noch positive Gegenkräfte im Spiel: Die am Beginn verloren geglaubte Heimkehrfreude taucht im Schlussabsatz noch einmal als ersehnte Möglichkeit auf – um sich aber gleich wieder in „Bangigkeit" zu verwandeln, die das erlebende Ich freilich als Bedrohung erkennt und deren Ursachen es „nachgrübelt".

2 Menschen in der Natur

Textstellen

Georg Büchner, *Lenz* S 7.1–8.30 / R 5.1–6.38, und Gottfried Keller (1819–1890), *Romeo und Julia auf dem Dorfe*, 2. Absatz, Beginn (zit. nach der Ausgabe: München: Deutscher Taschenbuch Verlag 1997, S. 7–9):

„An dem schönen Flusse, der eine halbe Stunde entfernt an Seldwyl vorüberzieht, erhebt sich eine weitgedehnte Erdwelle und verliert sich, selber wohlbebaut, in der fruchtbaren Ebene. Fern an ihrem Fuße liegt ein Dorf, welches manche große Bauernhöfe enthält und über die sanfte Anhöhe lagen vor Jahren drei prächtige lange Äcker weithingestreckt, gleich drei riesigen Bändern nebeneinander. An einem sonnigen Septembermorgen pflügten zwei Bauern auf zweien dieser Äcker, und zwar auf jedem der beiden äußersten; der mittlere schien seit langen Jahren brach und wüst zu liegen, denn er war mit Steinen und hohem Unkraut bedeckt und eine Welt von geflügelten Thierchen summte ungestört über ihm. Die Bauern aber, welche zu beiden Seiten hinter ihrem Pfluge gingen, waren lange knochige Männer von ungefähr vierzig Jahren und verkündeten auf den ersten Blick den sichern gutbesorgten Bauersmann. Sie trugen kurze Kniehosen von starkem Zwillich, an dem jede Falte ihre unveränderliche Lage hatte und wie in Stein gemeißelt aussah. Wenn sie, auf ein Hinderniß stoßend, den Pflug fester faßten, so zitterten die groben Hemdärmel von der leichten Erschütterung, indessen die wohlrasierten Gesichter ruhig und aufmerksam, aber ein wenig blinzelnd in den Sonnenschein vor sich hinschauten, die Furche bemaßen oder auch wohl zuweilen sich umsahen, wenn ein fernes Geräusch die Stille des Landes unterbrach. Langsam und mit einer gewissen natürlichen Zierlichkeit setzten sie einen Fuß um den andern vorwärts und keiner sprach ein Wort, außer wenn er etwa dem Knechte, der die stattlichen Pferde antrieb, eine Anweisung gab. So glichen sie einander vollkommen in einiger Entfernung; denn sie stellten die ursprüngliche Art dieser Gegend dar, und man hätte sie auf den ersten Blick nur daran unterscheiden können, daß der Eine den Zipfel seiner weißen Kappe nach vorn trug, der Andere aber hinten im Nacken hängen hatte. Aber das wechselte zwischen ihnen ab, indem sie in der entgegengesetzten Richtung pflügten; denn wenn sie oben auf der Höhe zusammentrafen und aneinander vorüberkamen, so schlug dem, welcher gegen den frischen Ostwind ging, die Zipfelkappe nach hinten über, während sie bei dem Andern, der den Wind im Rücken hatte, sich nach vorne sträubte. Es gab auch jedesmal einen mittleren Augenblick, wo die schimmernden Mützen aufrecht in der Luft schwankten und wie zwei weiße Flammen gen Himmel züngelten. So pflügten Beide ruhevoll und es war schön anzusehen in der stillen goldenen Septembergegend, wenn sie so auf der Höhe an einander vorbeizogen, still und langsam und sich mälig voneinander entfernten, immer weiter auseinander, bis Beide wie zwei untergehende Gestirne hinter die Wölbung des Hügels hinabgingen und verschwanden, um eine gute Weile darauf wieder zu erscheinen. Wenn sie einen Stein in ihren Furchen fanden, so warfen sie denselben auf den wüsten Acker in der Mitte mit lässig kräftigem Schwunge, was aber nur selten geschah, da derselbe schon fast mit allen Steinen belastet war, welche überhaupt auf den Nachbaräckern zu finden gewesen."

Aufgabenstellung

Am Beginn von Büchners Erzählung *Lenz* und Kellers Novelle *Romeo und Julia auf dem Dorfe* (1856) bewegen sich Personen durch eine Landschaft. Vergleichen Sie, welche Rolle in den beiden Texten der Erzähler, seine Figuren und die Landschaft spielen und wie das sprachlich gestaltet ist.

Mögliche Lösung

Etwas mehr als zwei Jahrzehnte nach Büchners *Lenz* erschien Kellers Erzählung *Romeo und Julia auf dem Dorfe* innerhalb der Novellensammlung *Die Leute von Seldwyla*. Sie weist wie Büchners Werk zu Beginn eine außerordentlich intensive Darstellung von Personen in der Natur auf. Ihr geht nur ein ganz kurzer Absatz voraus, der sich auf das große Vorbild von Shakespeares Tragödie *Romeo and Juliet* (1595?) bezieht: Mit diesem Werk hat Kellers Erzählung das Motiv der tragisch endenden Liebe zwischen Kindern verfeindeter Familien gemeinsam, das hier im ländlichen Raum entfaltet wird.

Zu den einzelnen Aspekten des Vergleichs:
Rolle des Erzählers: Zu Beginn der *Lenz*-Erzählung besteht eine konsequent personale Erzählsituation. Alles ist aus dem Blickwinkel des Protagonisten gesehen und wird mit der intensiven emotionalen Färbung wiedergegeben, die seinem aufgewühlten Zustand entspricht – die von ihm auf der Wanderung wahrgenommenen Naturerscheinungen, aber auch deren Verzerrung durch eine teils wahnhafte Phantasie.

Der Erzähler bei Keller nimmt eine klar auktoriale Position ein. Er folgt nicht der Bewegung seiner Figuren im Raum und gibt nicht deren Emotionen wieder, sondern blickt sozusagen von oben auf Menschen und Szenerie. Von diesem übergeordneten Blickpunkt aus deutet und bewertet er das, was zu sehen ist („prächtige lange Äcker") und typisiert die Figuren („verkündeten auf den ersten Blick den sichern, gutbesorgten Bauersmann").

Erzählfiguren und Landschaft: Über den Protagonisten Lenz erhält man in Büchners Erzählbeginn keinerlei äußere Information – erst später wird das, zunächst ganz beiläufig und dann nur bruchstückhaft, nachgeholt. Das ist Folge einer Erzählperspektive, die nicht auf die Figur blickt, sondern mit ihren Augen. Was der Leser zu Anfang über Lenzens Zustand erfährt, muss er aus der Wiedergabe des von ihm Gesehenen und Empfundenen erschließen, aber auch aus seinen unausgeglichenen, meist hektischen Bewegungen im Raum. In den von Lenz erlebten Verzerrungen („die Erde wich unter ihm, sie wurde klein") der Außenwelt kann der Leser Wahnhaftes erkennen. Aus den Momenten der Beruhigung („und dann erhob er sich nüchtern, fest, ruhig als wäre ein Schattenspiel vor ihm vorübergezogen"), aber auch aus den „Fluchtversuchen" und Angstzuständen lässt sich schließen, dass der Wahnsinn noch nicht endgültig von Lenz Besitz ergriffen hat.

Bei Keller erfährt der Leser dagegen den sozialen Status („Bauern") seiner Figuren und erhält z. B. summarische Information über deren Körperbau und Alter („lange knochige Männer von ungefähr vierzig Jahren"); hier fällt also der Blick von außen auf die Figuren. Sie werden nicht individuell, sondern ganz auffällig parallel gezeichnet. Auch sie befinden sich in ständiger Bewegung – aber nicht unausgeglichen und hektisch wie Lenz, sondern ruhig, sicher und kraftvoll in der Hingabe an ihre Arbeit; nicht in gefährlich unübersichtlichem Gelände wie Lenz, sondern auf ihrem vertrauten und von ihnen gestalteten Besitz. Über weitere seelische Regungen erfährt der Leser nichts. Allerdings ist auch das scheinbar sichere Ruhen in sich selbst von Bedrohungen umstellt. Das ergibt sich aber nur durch eine angedeutete mehrfache Symbolik in der Anlage des Erzählraums: Zwischen den Äckern der beiden Bauern gibt es ein ungeklärtes „Niemandsland" als latentes Konfliktfeld; zudem verlaufen ihre Bewegungen nicht nur parallel, sondern sind auch durch Gegenläufigkeit gekennzeichnet, bis zum mehrfachen bizarren Umklappen der Zipfelmützen.

Sprachliche Mittel: Zu Beginn von Büchners *Lenz* führt nur der erste Satz (in knappster Form) die Zentralfigur Lenz aus Erzählersicht ein. Schon der elliptische zweite und die weiteren Sätze geben dann die assoziativen Wahrnehmungen des Wanderers wieder. Die darauf folgenden komplizierteren Satzgefüge zeigen sein Bemühen, einzelne Wahrnehmungen in eine Ordnung zu bringen. Bilder von großer Ausdruckskraft schildern die Natur als in stürmische Bewegung versetzt („wenn das Gestein so wegsprang"). Hinzu kommen ausdrucksstarke Vergleiche („wie wilde wiehernde Rosse" mit dreifacher Alliteration auf *w*). Diese Sprachmittel wie auch die häufigen Richtungspartikeln („heransprengten", „heraufsummte" usw.) fügen die Naturbilder zusammen zu einem wild bewegten Gesamtbild von Urgewalten, in dem sich die seelische Aufgewühltheit des Wanderers widerspiegelt.

Kellers Erzählbeginn dagegen entwirft auch sprachlich ein Bild der bäuerlichen Welt, das durch sinnliche Pracht und Monumentalität beeindruckt. Das sonnige Panorama mit der überwältigenden Weite des Blickwinkels und die gehäuften positiven Adjektive der ersten beiden Sätze setzen diesen Akzent von Anfang an. Die Figuren haben bis in ihre Kleidung teil an dieser Monumentalität („wie in Stein gemeißelt"); auch ihre kraftvollen und gemessenen Bewegungen bei der Arbeit gehen ein in die Bewertung des Erzählers („So pflügten Beide ruhevoll und es war schön anzusehen in der stillen goldenen Septembergegend").

Doch in diese lebensgesättigte, spätsommerliche Welt schiebt sich schon leise, aber unabweisbar eine Symbolik des Untergangs: In die sichere Ruhe passt kaum das bedrohliche Bild der Begegnung, „wo die schimmernden Mützen aufrecht in der Luft schwankten und wie zwei weiße Flammen gen Himmel züngelten". Dieses Bild lässt die beiden Bauern als isoliert voneinander erscheinen, und ihre gegenläufigen Bewegungen im Raum wirken fast wie die Vorstufe einer künftigen Kollision. Daran schließt sich jedoch der merkwürdige Vergleich an, in dem die auf ihren Bahnen auseinanderstrebenden Bauern „wie zwei untergehende Gestirne hinter die Wölbung des Hügels hinabgingen und verschwanden".

Natürlich kann man in diesen Anfang der Erzählung nicht die tödlichen Verwicklungen hineinlesen, die die Handlung später prägen werden. Aber die auffälligen sprachlichen Signale deuten bereits darauf hin, dass ein Riss in der Harmonie bevorsteht.

3 Leiden und Trost

Textstelle

Georg Büchner, *Lenz* S 13.10–14.27 / R 11.1–12.16

Aufgabenstellung

Interpretieren Sie den Textauszug.

Arbeiten Sie mit Blick auf die gesamte Erzählung heraus, welches Stadium seiner Entwicklung Lenz hier erreicht hat.

Mögliche Lösung

Zur Interpretation des Textauszugs:

Thematik: Beherrschende Themen sind das Leiden der Menschen, ihr Bedürfnis nach Trost (das sich im Gang zum Gottesdienst zeigt) und die Frage nach dem Beistand, den ihnen die Religion geben kann (als deren Repräsentant der predigende Lenz auftritt).

Aufbau: Der Textauszug führt den Leser in einer symmetrischen Kurve von der Zentralfigur Lenz zu den Menschen der Gemeinde und wieder zu ihm zurück. Dabei schlägt der Elan des Beginns nach der Kontaktaufnahme mit den leidenden Menschen in Einsamkeit und tiefe Niedergeschlagenheit um, die zugleich als „Wollust" erfahren wird.

Sprache: Die harmonischen Naturbilder des Beginns („Thauwetter", „laue Luft", „Sonnenblick") greifen der jahreszeitlichen Entwicklung vor (Ende Januar im rauen Steintal), entsprechen aber der hoffnungsvollen Stimmung, in der Lenz sich hier noch befindet. Allerdings ist die Harmonie nicht stabil, dies deuten das relativierende „manchmal" und das „es war als löste sich alles ..." an. In der Schilderung des Gottesdiensts tritt dann das Wortfeld des Leidens („müdgeweinte Augen", gequälte Herzen") in den Vordergrund, das die Liedstrophe mit der zwiespältigen Botschaft „Leiden sey all' mein Gewinnst" beherrscht. In den Zeilen, die sprachlich nicht zwischen Gottesdienst und anschließendem Alleinsein des Predigers trennen, erscheint dieser selbst als der Trostbedürftigste. Sein eigenes Leiden („das All war für ihn in Wunden") reicht bis zum Verlust der körperlichen Kontrolle und zu pathologischem Selbstmitleid. Die Naturbilder des Schlusses zeigen nun – in völliger Verkehrung derer am Beginn – eine eiskalte und todesstarre Welt, die im bleichen Licht des Mondes liegt.

Integration in ein Gesamtverständnis:

In der gesamten Erzählung verläuft Lenz' Entwicklung nicht geradlinig, sondern in Sprüngen. Vor diesem Hintergrund ist der Weg von der Hoffnung zur Verzweiflung, den Lenz in dem vorliegenden Textauszug durchmisst, geradezu ein verkleinertes Abbild der ganzen Erzählung.

Zu Beginn wird sein Zustand – fast das einzige Mal in der Erzählung – „vergnügt" genannt. Nach den schweren Beklemmungen, die seinen Weg ins Steintal bestimmt haben, befindet er sich also zunächst in hoffnungsvoller Stimmung, in der er sogar von seinen eigenen Problemen so weit entlastet ist, dass er anderen Menschen Trost vermitteln will. Das unternimmt er, indem er predigt, und zwar in Erfüllung der väterlichen Bestimmung zum geistlichen Beruf. Später jedoch wird er heftig ablehnend reagieren, wenn Kaufmann und Oberlin ihn entsprechend zu beeinflussen versuchen.

Die Frage drängt sich auf, warum dieser hoffnungsvolle Aufbruch in Verzweiflung umschlägt. Eine Erklärung nur von Lenzens krankhaftem Geisteszustand her würde zu kurz greifen. Sein Mitleid mit den „dumpfen Leiden" der Gemeinde und sein Empfinden für „dieses von materiellen Bedürfnißen gequälte Seyn" zeigen, dass ihm der Zustand der Welt zu schaffen macht. Außerdem zeigt die Gottesdienst-Episode, dass die Hinwendung zu Gott in der Not nicht trägt.

Diese Enttäuschung über eine Welt, die von ihrem Schöpfer dem Leiden überlassen wird, und damit der Zweifel an diesem Schöpfer selbst, das sind Konstanten in der gesamten Erzählung. Im Textauszug klingt das metaphorisch an: „Das All war für ihn in Wunden […]." Am deutlichsten spricht Lenz es aber in seinem letzten Gespräch mit Oberlin aus: „aber ich, wär' ich allmächtig, sehen Sie, wenn ich so wäre, und ich könnte das Leiden nicht ertragen, ich würde retten, retten" (S 32.20–22 / R 29.15–17). Lenzens fortschreitende Zerrüttung kann also nicht nur als Krankheit und persönliches Schicksal begriffen werden, sondern hat eine überindividuelle Dimension.

4 Entfernung und Rückkehr

Textstelle

Georg Büchner, *Lenz* S 20.7–22.35 / R 17.21–20.20

Aufgabenstellung

Ordnen Sie den Textauszug in die Erzählung ein.
Zeigen Sie, wie hier mit erzähltechnischen und sprachlichen Mitteln Lenzens Zustand gestaltet wird.

Mögliche Lösung

Zur Einordnung des Textauszugs:

Der Textauszug befindet sich fast genau in der Mitte der Erzählung. Inhaltlich setzt er sich auch als eine Art Wendepunkt oder „Scharnier" vom Beginn wie vom Schluss ab, weil Lenz, der zuerst Hilfe suchend zu Oberlin gekommen ist und ihn zuletzt ohne Erfolg wieder verlassen muss, vorübergehend auf Distanz von dessen Wirkungsort Waldbach geht.

Voraus gehen dem die fehlgeschlagenen Rettungsversuche, bei denen Lenz sich leidenschaftlich eingebracht hat: zuerst die aktive Hinwendung zu den Stärkungen der Religion bei seiner Predigt, dann das Eintreten für eine Zuwendung der Kunst zu den armen und leidenden Menschen. Es folgen dann wahnhafte Anfälle, die – anders als vorher – dazu führen, dass sich die Menschen in Lenz' Umgebung mit immer größerem Entsetzen von ihm abwenden: der verzweifelte Auferweckungsversuch in Fouday, Ausbrüche von Zerknirschung und Langeweile als innere Zustände sowie als äußere Zeichen Handlungen der Selbstverletzung.

Erzählerische und sprachliche Mittel:

Der Textauszug ist von den dominierenden Motiven der Erzählung (Leiden, Klagen, Beten usw.) erfüllt, wobei Lenz nun aber (anders als sonst) nicht als Mithandelnder, sondern als wahrnehmender Beobachter erscheint, an dem die Szenerie stellenweise wie ein gespenstisches Schattenspiel vorüberzieht. Auch hier ist keine Rettung in Sicht; die Beruhigung des kranken Mädchens ist nur vorübergehend, ihre „Zuckungen" kehren wieder.

Wie in der gesamten Erzählung ist der Blickwinkel des Protagonisten eingehalten; das teils in einer Welt geisterhafter Geräusche (leises Singen, Schnarren usw.), teils auch in stummer Intensität ablaufende beklemmende Geschehen ist das von ihm erlebte Geschehen. Konturen lösen sich in seiner Wahrnehmung auf („es verschmolz ihm Alles"). Verben der unruhigen Bewegung, teils in substantivierter Form, häufen sich (Wehen, Auf- und Abwogen, Funkeln, Drängen). Mit dem Mond und den „rothe[n] Strahlen" des Morgenhimmels tauchen bereits die Bildsymbole auf, die dann für den trostlosen Schlussabsatz repräsentativ sind.

5 Büchners Erzählung und ihre Vorlage

Textstellen

Georg Büchner, *Lenz* S 29.6–30.7 / R 26.8–27.7, und Johann Friedrich Oberlin (1740–1826), „Der Dichter Lenz, im Steinthale" (S 69 / R 42 f.)

> Endlich mochte Hr. L. die Absicht seines Begleiters errathen; er suchte Mittel ihn zu entfernen. Sebastian schien ihm nachzugeben, fand aber heimlich Mittel seinen Bruder Martin von der Gefahr zu benachrichtigen, und nun hatte Hr. L. zween Aufseher statt einen. Er zog sie wacker herum, endlich gieng er nach Waldersbach zurück; und da sie nahe am Dorf waren, kehrte er wie ein Blitz um, und sprang, ungeachtet seiner Wunde am Fuß, wie ein Hirsch gen Fouday zurück. Sebastian kam zu uns um uns das Vorgegangene zu berichten, und sein Bruder setzte dem Kranken nach. Indem er ihn zu Fouday suchte, kamen zwei Krämer und erzählten ihm man hätte in einem Hause einen Fremden gebunden, der sich für einen Mörder ausgäbe, und der Justiz ausgeliefert seyn wollte, der aber gewiß kein Mörder seyn könnte. Martin lief in das Haus und fand es so; ein junger Mensch hatte ihn, auf sein ungestümes Anhalten, in der Angst gebunden. Martin band ihn los und brachte ihn glücklich nach Waldersbach. Er sah verwirrt aus; da er aber sah daß ich ihn wie immer freundschaftlich und liebreich empfieng und behandelte, bekam er wieder Muth, sein Gesicht veränderte sich vorteilhaftig, er dankte seinen beiden Begleitern freundlich und zärtlich und wir brachten den Abend vergnügt zu.
>
> Ich bat ihn inständig nicht mehr zu baden, die Nacht ruhig im Bette zu bleiben, und wann er nicht schlafen könnte, sich mit Gott zu unterhalten, u. s. w. Er versprach's, und wirklich that er's die folgende Nacht; unsre Mägde hörten ihn fast die ganze Nacht hindurch beten.
>
> Den folgenden Morgen, Samstag den 7., kam er mit vergnügter Miene auf mein Zimmer. Ich hoffte wir würden bald am Ende unsrer gegenseitigen Qual sey[n]; aber leider der Erfolg zeigte was anders.
>
> Nachdem wir Verschiedenes gesprochen hatten, sagte er mir mit ausnehmender Freundlichkeit: „Liebster Herr Pfarrer, das Frauenzimmer von dem ich ihnen sagte, ist gestorben, ja gestorben – o, der Engel!" – Woher wissen Sie das? – „Hieroglyphen – Hieroglyphen!" – und dann gen Himmel geschaut und wieder: „Ja – gestorben – Hieroglyphen!" – Er schrieb einige Briefe, gab sie mir sodann zu, mit Bitte, ich möchte noch selbst einige Zeilen darunter setzen.

Aufgabenstellung

Interpretieren Sie den Auszug aus Büchners *Lenz* und zeigen Sie in einem Vergleich, wie Büchner mit Oberlins Bericht als seiner Vorlage umgeht.

Mögliche Lösung

Zur Interpretation des Textauszugs aus *Lenz*:

Der Textauszug setzt in einer angespannten Situation ein: Lenz hat hier mehrere bizarre Aktionen hinter sich. Er hat sich aus dem Fenster gestürzt und den Kopf mit Asche bestreut. Wegen seiner offenbaren Selbstgefährdung hat ihn Oberlin unter Beobachtung gestellt, der sich Lenz zu entziehen versucht. Der Text beginnt mit einer heftigen Gemütsbewegung, die hier als „Mißbehagen" bezeichnet wird und sich in Oberlins Bericht nicht findet. Es liegt den Fluchtversuchen, die Lenz in der Folge unternimmt, zugrunde und gibt den geschilderten ungewöhnlichen Vorgängen (etwa Lenzens Selbstbezichtigung als „Mörder") ihre emotionale Färbung.

Zum Vergleich mit Oberlins Bericht:

Büchner hat von Oberlins Text das meiste übernommen, großenteils bis in den genauen Wortlaut hinein. Was jedoch bei Oberlin vier Absätze einnimmt (immerhin Vorgänge, die sich bis in den folgenden Tag hinziehen), wird bei Büchner in einem fortlaufenden Erzählfluss dargestellt!

Die wesentlichste Änderung besteht darin, dass Büchner die Vorgänge nicht mehr aus Oberlins Sicht, sondern aus dem Blickwinkel des Protagonisten Lenz dargestellt hat. Oberlins Text ist ein Bericht, der der Dokumentation der Vorgänge und der eigenen Rechtfertigung dient; Büchners Text dagegen eine eindringliche, von der Sehweise Lenzens ausgehende und darum von Einfühlung grundierte Erzählung.

Der Unterschied springt an vielen Stellen ins Auge: Oberlins sarkastische Aussage „Er zog sie wacker herum" wird bei Büchner zu „Er zog sie weiter herum". Den Satz „Sebastian kam zu uns, um das Vorgegangene zu berichten [...]", der nur in Oberlins Erfahrung plausibel ist, streicht Büchner. Die Lenzens Zustand ignorierende Formulierung „wir brachten den Abend vergnügt zu" nimmt er zurück zu „der Abend ging ruhig herum". Aber Büchner erhält das spätere „mit vergnügter Miene", wo es durch den Kontrast zu Lenzens folgenden befremdlichen Äußerungen unangemessen und verstörend wirkt – um dann aber gleich darauf Oberlins über die Erzählszene hinausgreifende Aussage „Ich hoffte, wir würden bald am Ende unserer gegenseitigen Qual seyn; aber leider der Erfolg zeigte was anders" zu übergehen. Wo Oberlin ihm vertraute Namen nennt („Martin band ihn los"), gebraucht Büchner mehrfach gesichtslosere Benennungen („Sie banden ihn los"); Lenz kennt ja Oberlins Helfer nicht.

An einigen Stellen ist dies nicht ganz konsequent umgesetzt. So erhält Büchner z.B. zu Beginn Oberlins Vermutung „auch mochte er seine Absicht erraten". Das mag damit zusammenhängen, dass die Erzählung nicht endgültig überarbeitet wurde.

Stichwortverzeichnis

Abiturwissen

Der komplette und ausführliche Abiturstoff

- Für eine gründliche und intensive Vorbereitung in der Oberstufe und eine sehr gute Note im Abitur!
- Der komplette und ausführliche Abiturstoff
- Besonders übersichtliche Zeitleisten und Formelsammlungen (je nach Fach)
- Extra: mit den wichtigsten Standardversuchen in den Naturwissenschaften
- Mit kostenlosen Lern-Videos, die online besonders schwierige oder wichtige Themen erklären

Lektürehilfen –
Literatur erleben

Lektürehilfen sind der Schlüssel zum besseren Verständnis von Literatur:

– Die wichtigen Themen kennen dank thematischer Kapitel.

– Die richtigen Antworten wissen durch die Vorbereitung mit typischen Abiturfragen.

Johann Wolfgang von Goethe
Faust – Erster Teil
ISBN 978-3-12-923063-3

Im Buchhandel erhältlich.

Bertolt Brecht
Der gute Mensch von
Sezuan
ISBN 978-3-12-923081-7

Bertolt Brecht
Leben des Galilei
ISBN 978-3-12-923066-4

Friedrich Dürrenmatt
Der Besuch der alten Dame
ISBN 978-3-12-923054-1

Georg Büchner
Dantons Tod
ISBN 978-3-12-923073-2

Georg Büchner
Woyzeck
ISBN 978-3-12-923005-3

Friedrich Dürrenmatt
Die Physiker
ISBN 978-3-12-923079-4

Theodor Fontane
Effi Briest
ISBN 978-3-12-923029-9

Max Frisch
Andorra
ISBN 978-3-12-923075-6

Max Frisch
Homo faber
ISBN 978-3-12-923061-9

Johann Wolfgang von
Goethe
Faust – Erster Teil
ISBN 978-3-12-923063-3

Johann Wolfgang von
Goethe
Iphigenie auf Tauris
ISBN 978-3-12-923062-6

Friedrich Schiller
Don Karlos
ISBN 978-3-12-923044-2

Johann Wolfgang von
Goethe
Die Leiden des
jungen Werther
ISBN 978-3-12-923006-0

Erich Maria Remarque
Im Westen nichts Neues
ISBN 978-3-12-923087-9

E.T.A. Hoffmann
Der Sandmann
ISBN 978-3-12-923071-8

Franz Kafka
Der Proceß
ISBN 978-3-12-923023-7

Franz Kafka
Die Verwandlung
ISBN 978-3-12-923077-0

Heinrich von Kleist Michael
Kohlhaas
ISBN 978-3-12-923024-4

Heinrich von Kleist
Die Marquise von O. /
Das Erdbeben in Chili
ISBN 978-3-12-923055-8

Heinrich von Kleist
Prinz Friedrich von
Homburg
ISBN 978-3-12-923056-5

Wolfgang Koeppen Tauben
im Gras
ISBN 978-3-12-923051-0

Gotthold Ephraim Lessing
Emilia Galotti
ISBN 978-3-12-923074-9

Gotthold Ephraim Lessing
Nathan der Weise
ISBN 978-3-12-923068-8

Liebeslyrik
ISBN 978-3-12-923031-2

Lyrik der Nachkriegszeit
1945 – 1960
ISBN 978-3-12-923013-8

Thomas Mann
Buddenbrooks
ISBN 978-3-12-923058-9

Thomas Mann
Mario und der
Zauberer / Tonio Kröger
ISBN 978-3-12-923059-6

Joseph Roth
Hiob
ISBN 978-3-12-923076-3

Neue Sachlichkeit
ISBN 978-3-12-923052-7

Friedrich Schiller
Kabale und Liebe
ISBN 978-3-12-923065-7

Friedrich Schiller
Maria Stuart
ISBN 978-3-12-923078-7

Friedrich Schiller
Die Räuber
ISBN 978-3-12-923026-8

Bernhard Schlink
Der Vorleser
ISBN 978-3-12-923070-1

Peter Stamm
Agnes
ISBN 978-3-12-923072-5

Patrick Süskind
Das Parfum
ISBN 978-3-12-923064-0

Naturlyrik
ISBN 978-3-12-923088-9